한방소아과 전문 한의사가 알려주는
키 성장의 일급비밀

목차

프롤로그 · 12

첫 번째 시간 · 19
키는 타고나는 거 아니었어요?

두 번째 시간 · 39
키가 크려면 어떤 음식을 먹어야 하나요?

세 번째 시간 · 57
키가 크는 운동이 따로 있다고요?

네 번째 시간 · 79
살 찐 게 나중에 다 키로 간다던데요?

다섯 번째 시간 · 99
몸의 변화가 너무 빨리 찾아왔어요.

여섯 번째 시간 · 119
스마트폰을 많이 하면 키가 안 큰다고요?

에필로그 · 139

작가의 말

  요즈음 어린이와 학부모님들에게 큰 관심사 중 하나가 바로 '어떻게 해야 키가 크나요?' 입니다. 키 크는 방법에 대해 알고 싶어 하는 이들은 많지만 인터넷 등에서는 정확한 정보를 얻기 어렵고, 의료기관을 방문하여 물어보자니 부담스러운 마음이 있습니다.

  이 책은 어린이와 보호자들에게 정확한 성장 지식을 쉽고 재미있게 전달하고자 한의사가 직접 기획하고 제작한 책입니다.
  도서의 전반부에서는 키 성장의 개념과 필요성을 알려줍니다. 또 성장을 위한 올바른 식생활, 운동 방법을 소개합니다.

  후반부에서는 성장을 방해하는 요인인 비만과 성조숙증, 스마트폰 등에 대하여 알려주고 어떻게 해야 올바른 생활 습관을 가질 수 있는지 안내하고 있습니다.

  이러한 내용들은 실제로 한의의료기관의 성장클리닉에서 내원환자들에게 알려주는 정보를 바탕으로 하고 있습니다. 키 성장에 관련한 알찬 정보로 가득 차 있어 책을 읽는 어린이들에게는 성장에 도움이 되는 자양분이 될 것입니다. 뿐만 아니라 학부모님들도 자녀들을 지도하는 데 참고하는 성장의 지침서로 쓸 수 있을 것입니다.

책이 나오기까지 오랜 시간 함께 애써주신 조소해 원장님께 진심으로 감사드립니다. 책의 모든 그림을 그린 조소해 원장님은 놀라운 솜씨로 이야기에 생명을 불어 넣어 주었습니다. 책의 감수를 기꺼이 맡아주시고 집필 작업 내내 아낌없는 조언을 해 주신 대전대학교 대전한방병원 한방소아과 이혜림 교수님께 감사드립니다.

 책의 내용을 검토하고 수정을 도와준 가족들과, 기꺼이 첫 독자가 되어 준 이윤주 선생님 및 임다윤, 이은율 어린이에게 감사드립니다.
 책의 기획 및 출판과정에 큰 도움을 주신 대한한의사협회 소아청소년위원회 황만기 위원장님, 이승환 부위원장님, 윤석호 간사님 및 모든 관계자 여러분께 감사드립니다.
 그리고 이 모든 일을 계획하시고 이끄시는 하나님께 영광을 올립니다.

2022년 따스한 겨울날
권하린, 심수보

추천사

 아끼는 제자 부부가 처음 이 책을 기획한다고 연락이 왔을 때 얼마나 반가운 마음이 들었는지 모른다. 성장은 소아청소년의 고유한 생리적 현상으로 특정 시기가 지나면 더 이상 이루어지지 않기에 골든타임이 존재한다.
 백세 시대를 살아가는 우리는 평생에 걸쳐 학습하고 새로운 기술은 매 순간 익히며 살아가게 되지만 성장은 출생부터 사춘기까지 이루어지는 과정으로, 한번 때를 놓치면 후회하고 아쉬워해도 그 시기를 지나서는 할 수 있는 것이 많지 않다.
 성장에는 각 과정마다 단계가 있어서 출생부터 2~3년에 이르는 제1 성장 급증기부터, 사춘기에 다시 시작되는 제2 성장 급증기까지 단계만 정확히 알고 있어도 각 시기에 성장을 위해 중요한 것들을 놓치지 않고 챙길 수 있다.

 코로나 팬데믹 이후로 아이들의 사춘기가 시작되는 시기와 진행속도가 더욱 빨라졌다. 특히 가슴발달과 초경이라는 명확한 사인을 보이는 여자아이들에 비해 사춘기 진행에 대한 경계가 모호한 남자아이들의 경우에는 사춘기가 한참 지나고 나서 성장 속도가 확연히 줄어든 뒤에야 키가 왜 안 크는지 의아한 마음에 진료실을 찾아오곤 한다. 하지만 그때는 이미 성장판의 대부분이 닫혀있고 성장 가능성도 얼마 남아있지 않아 안타까운 상황이 펼쳐진다.
 같이 오신 어머님들이 눈물을 글썽이며 하시는 말씀은 '몇 년 만 더 빨리 왔으면 달랐을까요. 왜 그때 사춘기인 줄 몰랐을까요. 지금이라도 어떻게 하면 안 될까요'. 진료실의 공기마저 침울해지는 순간이다. 시간을 되돌리는 것 말고는 위로가 될 수 없는 상황이다. 하지만 이미 지나간 시간을 어찌 되돌릴 수 있을까.
 최근 이런 안타까운 사례들을 종종 만난다. 아이들에게 성장에 대한 지식만 조금 더 있었더라면 하는 아쉬움이 생긴다. 그래서 이 책이 더 반갑다.

 성장클리닉에 내원하는 아이들 한명씩 붙들고 해주고 싶었지만 빠듯한 진료시간을 핑계로 다 말하지 못했던, 당연하지만 제대로 아는 이는 많지 않은 성장을 위한 비법이 이 책에 모두 담겨져 있다. 많은 아이들과 보호자들이 성장의 골든타임이 지나기 전에 이 책을 만나 미래의 후회를 덜 수 있기를 바란다.
 인생에서 중요한 시기를 보낼 우리 아이들이 부족한 지식, 잘못된 지식으로 성장의 중요한 시기를 놓치지 않고, 바르고 건강하게 성장하는데 이 책이 마중물이 되어 줄 것이다.

 이 책의 저자인 권하린, 심수보 선생님은 미래 세대를 이끌 촉망받는 한의사 부부이다. 아끼는 제자인 심수보 선생님은 성실하고 부지런한 성격에 환자들에게도 다정한 인기 많은 선생님이다. 에너지 넘치고 활달한 권하린 선생님도 성장기 아이들에게 꼭 필요한 책을 쓰고 싶다는 선한 열정으로 진료로 바쁜 와중에도 시간을 쪼개 집필 작업에 매진했다.
 드디어 세상에 빛을 보게 된 이 책이 많은 이들에게 읽혀 성장에 도움이 되기를 기대한다.

2022년 대전 한방병원 소아과 진료실에서
이혜림

진수현

한방소아과 전문의.
어린이를 진료하는 것이
세상에서 가장 행복한 한의사.

이유진

한아름초등학교 5학년 2반
담임선생님

현준

2반의 분위기 메이커이다.
귀여운 장난꾸러기.

준서
2반의 듬직한 반장.
통통한 편이고 먹을걸 좋아한다.

민철
공부를 잘 하고 똑똑하지만
가끔 친구들과 어울리기
어려울 때가 있다.

예린
아이돌을 꿈꾸고 있다.
춤 추는 걸 좋아한다.

지율
항상 활기차고 밝은 성격.
요즘 들어서 키가
잘 안 크는 것 같아 고민이다.

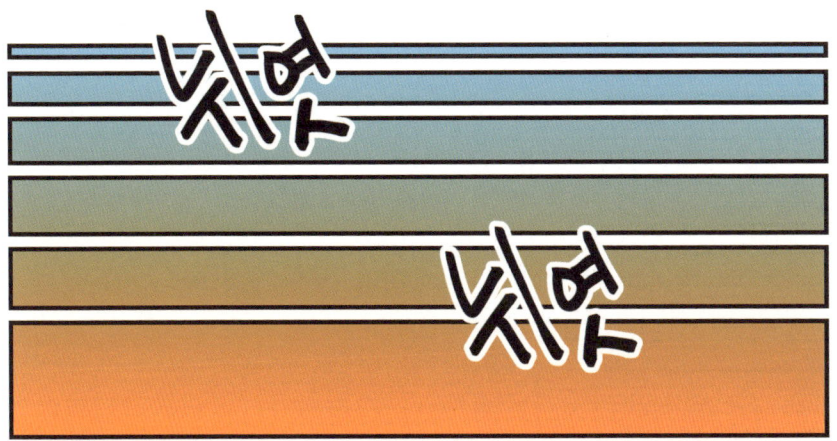

이유진 선생님은 서류를 힘없이 툭 내려놓았다. 서류의 맨 앞장에는 큰 글씨로 '한아름 초등학교 5학년 2반 신체검사 결과'라고 쓰여 있었다. 선생님은 종이뭉치를 보면서 골똘히 생각에 잠겼다.

며칠 전, 5학년 2반의 반장을 맡고 있는 준서가 퉁퉁 부은 눈으로 담임 선생님인 이유진 선생님을 찾아왔다.

준서 "선생님, 저 말씀드릴 게 있는 데요……."
유진 "어머, 준서야. 무슨 일이야? 울었어? 누가 괴롭혔니?"
준서 "흑… 그게, 다른 반 아이들이……."

사연은 이렇다. 얼마 전 전교생 신체검사를 하였는데, 짓궂은 학생들이 각 반 아이들의 키를 알아내서 '학급 평균키'를 계산했다는 것이다. 거기까지는 어린아이들의 엉뚱한 장난에 불과했다. 그런데 그 결과 2반의 평균키가 5학년 전체에서 꼴찌로 측정되었다는 것이다. 그 사실을 알게 된 옆 반 학생들은 5학년 2반이 평균키 꼴찌인 걸 전교에 소문내고, 놀리기 시작했다.

'2반은 키가 작대요~ 얼레리 꼴레리~'

처음에는 웃어 넘겼지만 며칠째 놀림이 계속되었고, 결국 참다 참다 폭발한 준서가 눈물을 흘리며 선생님을 찾게 된 것이다.

그렇지 않아도 유진은 2반 아이들이 키가 작다고 생각하고 있었다. 하지만 실제로도 평균키가 다른 반에 비해 크게 차이 나는 정도인 줄은 몰랐다. 키가 작은 게 누구의 잘못도 아니고, 나쁜 짓을 한 것도 아닌데……. 억울하게 놀림을 받고 눈물을 흘리는 준서의 마음이 충분히 이해되었다.

유진 "학교폭력이라고 하기엔 좀 사소한데, 그렇다고 무시할 수는 없겠는걸."

당장 장난꾸러기 학생들을 불러 혼쭐을 내고 싶지만 그것이 근본적인 해결책이 되지 않는다는 걸 유진도 알고 있었다. 그리고 실제로 2반 아이들의 키가 작은 것은 사실이었다. 아이들의 키가 쑥쑥 클 수 있게 도와줄 방법은 없을까?

유진 "하아……."

유진은 한숨을 내쉬며 의자에 등을 기대었다. 삐꺽 하는 소리와 함께 의자가 작게 흔들렸다. 창문 너머 운동장에는 어느덧 노을이 내려앉고 있었다.

유진 '생각해 보니 나도 어릴 때 키가 많이 작았지. 그 때는 든든하게 지켜주는 친구들이 옆에 있어서 이겨낼 수 있었는데…….'

그 때 머리에 반짝하고 불이 켜지는 기분이 들며 유진의 얼굴이 밝아졌다.

유진 "맞아, 그러고 보니 수현이가 있었지!"

  진수현, 유진의 초등학교 친구이자 오랜 동네 친구의 이름이었다. 수현은 타고난 우수한 두뇌와 끊임없는 노력으로 한의대에 진학하여 한의사가 되었다. 그 뒤로 아이들의 성장에 관심이 많아 한방소아과 전문의까지 수료한 자랑스러운 단짝친구였다. 유진의 주변 사람들 중에 이 사건에 대해 전문적인 조언을 주고 해결을 해 줄만한 사람은 진수현밖에 없다는 생각이 들었다.

유진 "쇠뿔도 단김에 빼랬어."

  이유진 선생님은 휴대폰을 들어 수현의 전화번호를 꾹 눌렀다. 뚜루루~ 통화 연결음이 지나가고 달칵, 전화기 반대편에서 웅얼거리는 소리가 들렸다.

수현 "어, 웬일이야 유진아? 나한테 전화를 다 하고."
유진 "아 수현아, 다름이 아니라……."

 반가운 친구의 목소리와, 운동장을 비추는 느긋한 햇살이, 어쩐지 기분이 좋아 유진의 입가에 살며시 미소가 떠올랐다.

| 첫 번째 시간 |
키는 타고나는 거 아니었어요?

여기가 바로 유진이가 근무하는 한아름 초등학교구나.

드르륵!
 한아름초등학교 5학년 2반의 교실 문이 열렸다. 노트북이며 서류철을 바리바리 짊어진 이유진 선생님이 열린 문으로 들어왔다. 아이들은 왁자지껄하게 떠들고 소리 지르며 교실 안을 뛰어다니고 있었다. 이유진 선생님은 익숙하다는 듯이 가져온 짐을 내려놓고 익숙한 동작으로 박수를 짝 짝 짝! 세 번 쳤다.

유진 "5학년~ 2반!"
아이들 "짝! 짝! 짝!"

유진 "자 오늘 특별수업을 맡아줄 선생님이 오셨어요! 다들 박수치면서
       환영해주세요~!"
현준 "와아아아아아!!!!!"
지율 "우와아아아아아!!!!!"
준서 "잘 생겼어요~~!!!!!"

떠들썩하게 환호성을 지르는 아이들의 목소리에 진수현 선생님은 깜짝 놀랐다. 옆에 있던 이유진 선생님에게 소곤소곤 귓속말을 했다.

수현 "유진아, 아이들에게 무슨 말을 해 둔 거야? 꼭 연예인이라도 된 것 같네."
유진 "응, 한의사 선생님이 키 쑥쑥 크는 특별 비법을 가르쳐 주러 오신다고 했지."

이유진 선생님은 해맑게 말한 뒤 씩 미소를 지었다.

유진 "대한민국 최고의 성장 전문가님? 소중한 우리 반 아이들 잘 부탁드려요!"

이유진 선생님은 후다닥 나가면서 문을 드르륵 닫았다. 진수현 선생님은 작게 한숨을 내쉬고 아이들을 돌아보았다. 초롱초롱한 눈을 한 아이들이 궁금한 게 너무나도 많다는 듯이 앞을 바라보고 있었다. 진 선생님은 목을 큼큼 고른 뒤에 조심스럽게 입을 열었다.

수현 "크흠, 자. 일단 선생님 소개를 먼저 하는 게 예의겠지? 선생님 이름은 진수현. 이유진 선생님이랑은 어릴 때부터 친구예요. 혹시나 싶어서 미리 말하는데 여자 친구 남자 친구 그런 거 아니고요. 앞으로도 사귈 예정은 절대! 없답니다."
아이들 "에이~~"

아이들의 실망 섞인 야유가 잦아들자 진수현 선생님은 씩 웃으며 칠판에 커다랗게 두 글자를 썼다.

수현 "자, 어린이 친구들. 지금 중요한 건 그런 문제가 아니에요. 선생님은 이곳에 정말 중요한 임무를 가지고 왔답니다. 바로 5학년 2반 여러분의 '키 성장'을 위해서죠. 오늘부터 선생님이랑 특별 수업을 진행하면서 왜 우리 2반 친구들의 키가 작은지, 그리고 어떻게 하면 쑥쑥 키가 클 수 있을지 알아볼 거예요."

 앉아 있는 아이들이 저마다 속닥속닥 수군거리더니, 맨 앞줄에 앉은 피부가 까맣게 탄 남자아이가 조그마한 고사리 손을 번쩍 들어올렸다.

현준 "선생님! 질문 있어요! 어, 키가 작은 건 고칠 수 없는 거 아닌가요?"

 현준이의 말이 끝나자, 그 옆에 앉아있던 피부가 하얗고 체구가 작은 남자아이가 안경을 살짝 들어 올려 고쳐 쓰면서 진수현 선생님에게 질문을 던졌다.

민철 "선생님. 키는 유전이라서 어차피 정해진 대로 크게 되어 있는 거잖아요. 이 정도는 과학시간에 다 배우는 상식이에요."
지율 "맞아요! 우리 엄마가 그러는데 딸은 엄마 키, 아들은 아빠 키 따라간대요!"
현준 "우리 아빠랑 엄마는 키가 작아요! 그래서 저도 키가 작아요!"

어느새 시끌시끌해진 교실. 진 선생님은 잠시 학생들끼리 떠들도록 두었다가 박수를 크게 세 번 쳤다.

짝! 짝! 짝!

수현 "어른이 되었을 때의 내 키는 어느 정도 정해져 있는 게 사실이에요. 여러분의 말대로 유전적으로 타고나는 부분도 있어요. 하지만, 커 가면서 얼마나 노력하느냐에 따라서 정해진 키 보다 더 많이 크는 경우도 있고 훨씬 덜 크는 경우도 있어요."

현준 "이해가 잘 안 돼요, 선생님!"

수현 "음, 예를 들어 볼까요? 키가 작은 이유 중에는 유전 말고도 다양한 원인들이 있어요. 키 크는 데 필요한 음식을 충분히 먹지 않거나, 운동 안하고 누워만 있는 습관들 때문에 키가 잘 안 크기도 해요. 스트레스나 수면 부족 때문에 성장이 방해받기도 하고요."

준서 "나무에 물이랑 햇빛을 많이 줘야 쑥쑥 클 수 있는 거랑 마찬가지네요!"

민철 "나무가 스트레스를 받거나 하면 잘 자라지 못하는 거랑 비슷하네…."

수현 "여러분은 지금 가장 많이 성장할 시기이기 때문에, 작은 이유 하나 때문에 키가 안 클 수 있어요. 바꿔서 말하면 조금만 습관을 바꾸고 노력하면 키가 쑥쑥 클 수 있다는 뜻이 되지요."

민철이는 고개를 갸우뚱하면서 진수현 선생님에게 되물었다.

민철 "선생님, 그런데 저희는 이제 겨우 초등학교 5학년인데요. 벌써부터 키 크는 걸 걱정해야 하나요?"
수현 "음, 여러분은 지금 한창 성장기니까 당장은 걱정이 안 될 수도 있어요. 하지만 아무리 지금 쑥쑥 크고 있다고 해도 어느 순간에는 성장이 멈추게 된답니다."
현준 "성장이 멈춘다고요?"

진수현 선생님은 고개를 끄덕였다.

수현 "빠르면 5년, 늦어도 10년 내로 여기 있는 모든 친구들은 성장이 멈출 거예요. 보통 중, 고등학교 때 성장이 멈추게 되죠. 키가 가장 많이 크는 시기는 초등학교 고학년 때부터 중학교 때까지예요. 이 시기를 어떻게 보내느냐에 따라서 어른이 되었을 때의 키가 달라지고요."
민철 "선생님, 키가 큰 게 꼭 좋은 건 아니잖아요? 키가 작다고 나쁜 것도 아니고요."
수현 "민철이의 말이 맞아요. 키가 크든 작든 여러분은 모두 소중한 존재예요. 하지만 키 성장을 방해하는 나쁜 생활 습관들을 조금만 고친다면 건강하게 쑥쑥 자랄 수 있거든요. 그걸 모른 채 성장기를 놓쳐 버려서 내가 원래 클 수 있던 키만큼 자라지 못한다면 기분이 어떨까요?"

현준 "정말 너무 속상하고 화가 날 것 같아요······."
준서 "그리고 후회도 많이 할 거 같아요, 선생님."
수현 "그렇겠죠. 선생님은 여러분이 그 때 가서 후회하지 않도록 도와주고, 어떤 노력을 하면 좋을지 알려주기 위해서 이 자리에 온 거예요."

진 선생님의 말을 들은 아이들은 약간 놀란 듯이 서로 웅성거리더니 이내 서로를 바라보면서 고개를 끄덕거렸다.

현준 "그러면 아직은 늦지 않았다는 거죠, 선생님?"
수현 "초등학교 5학년인 지금 이 시점이 키가 많이 클 수 있는 가장 좋은 시기예요. 이 이야기를 하려면 성장의 4가지 시기에 대한 설명을 꼭 해야겠네요."
민철 "성장의 4가지 시기요?"

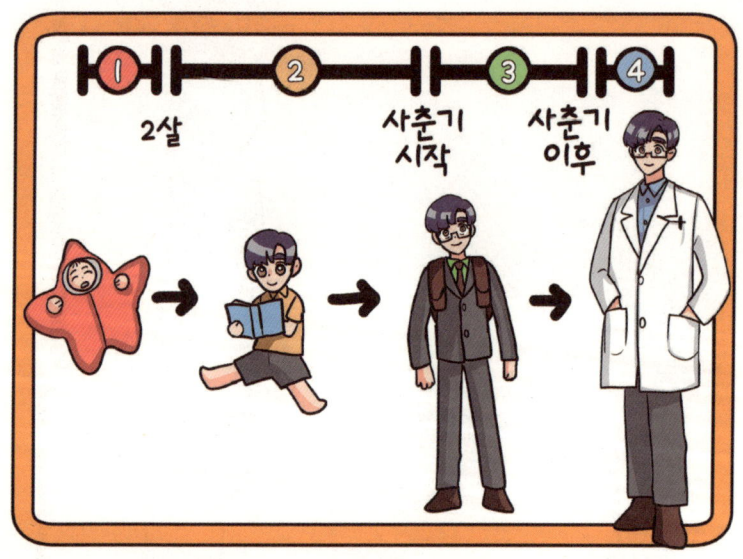

수현 "키 성장에는 4가지 시기가 있어요.
1번 시기는 태어나서 2년 정도, 하루가 다르게 키랑 몸무게가 쑥쑥 자라는 시기예요.

2번 시기가 바로 지금이에요. 2살 이후로부터 아직 사춘기가 오기 전까지, 1년에 평균 4~6cm가 성장하는 시기랍니다.

3번 시기는 사춘기인데 이 시기 동안 1년에 9~10cm씩 키가 쑥쑥 큰답니다.

마지막으로 4번 시기는 사춘기가 지나고 나서 성장 속도가 급속히 감소하는 시기에요.

이 과정이 모두 지나고 나면 더 이상은 키가 자라지 않게 된답니다."

현준 "사춘기가 오는지는 어떻게 알 수 있나요?"

수현 "2차 성징이 나타나면 사춘기가 시작된 거예요. 남자 친구들은 머리 냄새나 땀 냄새가 나는 걸 보면 알 수 있고요. 여자 친구들은 가슴에 젖멍울이 잡히기 시작했는지를 보면 돼요."

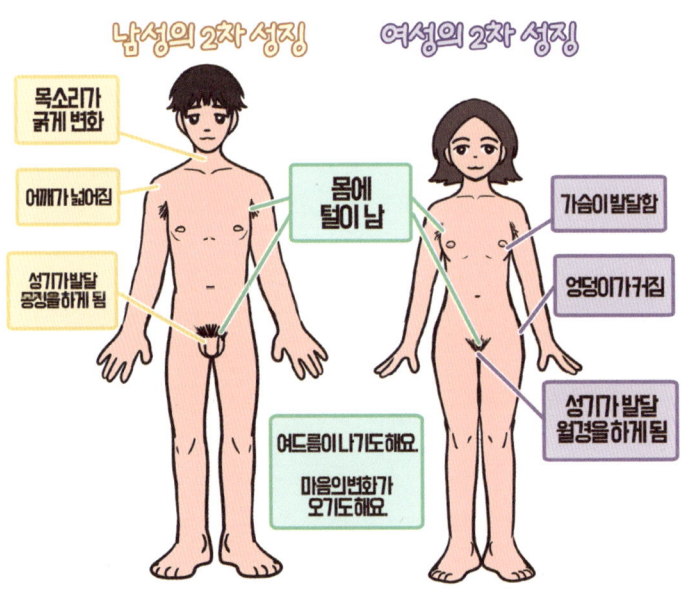

민철 "선생님, 그러면 사춘기 때 키가 가장 많이 큰다고 하셨으니까 이 시기가 최대한 길어지는 게 유리하겠네요?"

수현 "맞아요. 사춘기가 좀 더 빨리 시작해서 빨리 끝나면 키가 그만큼 작아지겠죠. 사춘기가 늦게 찾아오고 길어질수록 키가 커질 거고요. 그래서 키가 쑥쑥 크기 위해서는 사춘기가 너무 급하게 지나가지 않도록 노력하는 게 중요해요."

지율 "저는 10년 동안 사춘기 할래요!"

수현 "음, 그게 마음대로 되면 얼마나 좋겠어요? 하지만 안타깝게도 사춘기가 무한히 길어질 수는 없어요. 보통 3년에서 3년 반 정도이죠. 하지만 사춘기가 짧아지는 경우는 자주 있어요."

현준 "그렇게 되면 그만큼 키가 덜 크게 되는 건가요?"

수현 "맞아요. 그래서 이제 막 사춘기가 오기 시작한 여러분 나이가, 키를 바로잡을 수 있는 마지막 타이밍인 거고요."

준서 "선생님, 그러면 키 크는 데에 좋은 음식이나 운동은 뭐가 있나요? 그리고 어떤 습관을 고쳐야 키가 쑥쑥 잘 자랄 수가 있나요?"

지율 "사춘기가 이미 오기 시작했다면 어떻게 해야 하나요?"

수현 "자, 하나씩 차근차근 알려 줄게요. 지금부터 본격적으로 수업을 시작할 거예요. 잘 듣고 따라와야 해요!"

아이들 "네!!!"

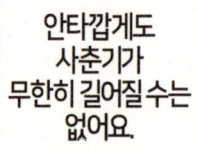

| 부록 ① 나의 예상 키 계산하기 |

어린이 키 성장은 부모님의 영향을 많이 받습니다. 엄마, 아빠의 키를 통해 간단하게 성인이 되었을 때의 나의 예상키를 계산해볼 수 있습니다.

남자의 경우는 아빠 키와 엄마 키의 합에 13을 더한 후 2로 나누면 되고, 여자의 경우는 아빠 키와 엄마 키의 합에 13을 뺀 후 다시 2로 나누면 됩니다.

$$\text{남자} = \frac{\text{아빠키} + \text{엄마키} + 13}{2} \qquad \text{여자} = \frac{\text{아빠키} + \text{엄마키} - 13}{2}$$

자, 이제 직접 해볼까요?

$$\text{나의 예상키 (\quad cm)} = \frac{\text{아빠키(} \quad \text{cm)} + \text{엄마키(} \quad \text{cm)} \pm 13}{2}$$

지금 계산해본 예상키가 무조건 맞는 것은 아니에요.
얼마나 노력을 하는지에 따라 예상키보다 더 클 수도 있고, 덜 클 수도 있어요.

| 부록 ② 내 키는 작은 편인가요? 성장 치료는 언제부터 해야 하나요? |

같은 달에 태어난 다른 친구들보다 내 키가 작은 것 같다고 느껴지면 키 성장에 방해가 되는 습관을 점검하고 관리를 하는 것이 좋아요.

그 중에서도 내 키가 3백분위수 미만일 때, 즉 100명의 같은 나이 친구들 중 앞에서 3번째 미만의 키라면 반드시 성장 치료가 필요해요.

남자		3백분위수	25백분위수	50백분위수	75백분위수	97백분위수
초등학교	1학년	113.1	118.8	122.1	125.4	131.7
	2학년	118.5	124.4	127.9	131.4	137.9
	3학년	123.6	129.8	133.4	137.1	143.9
	4학년	128.4	135	138.8	142.8	150.2
	5학년	133.2	140.5	144.7	149	157.1
	6학년	138.2	146.7	151.4	156.2	164.7
중학교	1학년	144.2	153.6	158.6	163.5	171.9
	2학년	150.6	160.2	165	169.5	176.9
	3학년	156.5	164.9	169.2	173.2	179.9
고등학교	1학년	160.3	167.5	171.4	175.2	181.7
	2학년	162.2	168.9	172.6	176.4	183.1
	3학년	163.3	169.9	173.6	177.4	184.3

여자		3백분위수	25백분위수	50백분위수	75백분위수	97백분위수
초등학교	1학년	112.2	117.6	120.8	124.1	130.2
	2학년	117.5	123.2	126.7	130.2	137.1
	3학년	122.8	129	132.6	136.5	144.1
	4학년	128.2	135.1	139.1	143.3	151.2
	5학년	133.8	141.5	145.8	150	157.6
	6학년	139.5	147.5	151.7	155.7	162.6
중학교	1학년	144.7	152	155.9	159.7	166
	2학년	147.9	154.6	158.3	161.9	168.1
	3학년	149.3	155.9	159.5	163	169.2
고등학교	1학년	150.3	156.5	160	163.5	169.8
	2학년	151	156.9	160.2	163.7	170.1
	3학년	151.6	157.3	160.6	164.1	170.4

성장의 시기를 생각해 보았을 때 사춘기 발달이 끝나고 나면 키 크는 속도가 굉장히 줄어들기 때문에, 키가 쑥쑥 크는 '사춘기' 전에 치료를 시작한다면 더욱 효과적으로 클 수 있어요.
 한의원에서는 어린이 한 명 한 명마다 맞춤형 치료를 해줄 수 있으며, 치료 방법으로는 한약치료, 침 치료, 추나 치료 등이 있어요.

  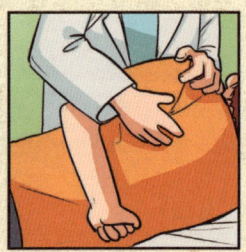

한약치료 : 키를 쑥쑥 크게 하는 한약을 처방받을 수 있어요.
침 치 료 : 몸 여기저기에 숨어있는 '키 크기' 버튼을 눌러주는 치료에요.
추나 치료 : 몸의 틀어진 뼈와 관절을 바로잡아서 키가 바르게 클 수 있게 도와줘요.

| 두 번째 시간 |
키가 크려면 어떤 음식을 먹어야 하나요?

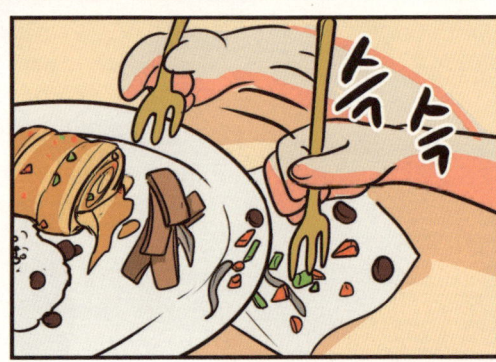

5학년 2반에 키 크기 수업이 한창이다. 진수현 선생님은 아이들을 쭉 돌아보면서 말을 시작했다.

수현 "키가 크기 위해 가장 중요한 것은 바로 식습관이에요. 여러분 중에 편식하거나 밥을 안 먹어서 엄마에게 혼나는 친구들 많이 있죠?"

 현준이가 뜨끔한 듯한 표정을 지었다. 당장 어젯밤만 해도 편식하면서 밥도 잘 안 먹었다가 크게 혼났는데……. 선생님은 그런 걸 어떻게 다 아시지?

수현 "키가 크려면 영양소를 골고루 섭취해야 해요. 몸이 쑥쑥 자라려면 에너지가 많이 필요한데 밥을 안 먹거나 편식을 하면 에너지가 부족해서 키가 잘 자랄 수 없어요. 나무에 거름이나 물을 주지 않으면 나무가 제대로 크지 못하겠죠? 그것과 같은 이유랍니다."

예린 "선생님, 예를 들면 어떤 영양소를 섭취해야 하나요?"
수현 "탄수화물, 단백질, 지방, 비타민, 무기질 등을 섭취해야 해요. 하지만 요즘에는 비타민과 무기질이 많은 음식을 잘 안 먹는 어린이가 많아요."
민철 "5대 영양소 말씀하시는 거죠? 학교에서 배웠어요. 그런데 비타민은 과일이랑 채소에 많이 들어 있다고 들었는데……. 무기질은 뭔가요, 선생님?"
수현 "무기질은 우리 몸을 구성하고 균형을 조절해 주는 물질이에요. 칼슘이나 마그네슘, 철분, 아연, 요오드 같은 것들이 있어요. 무기질이 부족해지면 뼈나 근육, 혈액 등이 제대로 만들어지지 못해요. 결국 몸이 튼튼하게 성장하지 못 하죠."

준서 "선생님! 그러면 비타민이랑 무기질만 많이 먹으면 되는 건가요? 어떤 음식을 먹어야 키가 쑥쑥 잘 클 수가 있나요?"

수현 "고기에는 단백질이 많이 들어있어서 뼈과 근육이 쑥쑥 자라는 데에 도움을 줘요. 시금치 같은 채소에는 비타민, 철분 등 키가 크는 데에 필요한 영양소가 듬뿍 들어있죠. 또, 멸치는 칼슘이 풍부해서 뼈를 튼튼하게 만들어 줘요."

진수현 선생님의 말을 들은 현준이는 울상이 되었다.

현준 "윽, 시금치라니. 내가 세상에서 제일 싫어하는 음식이네."
수현 "현준이는 시금치가 왜 싫을까?"
현준 "음… 시금치는 색깔도 별로고, 국에 들어가면 너무 흐물흐물해서 싫어요."
수현 "그러면 시금치를 잘 안 보이게 계란말이에 다져 넣어서 먹어도 좋아요. 아니면 같은 재료여도 좀 더 맛있게 먹을 수 있게 요리를 할 수도 있어요. 예를 들어서 선생님은 시금치 국보다 시금치 무침을 더 좋아해요. 식감도 아삭아삭하고 향이 좋거든요. 싫은 음식이어도 다양한 방법으로 먹어 보고, 그 중에서 가장 마음에 든 방법으로 조금씩 먹기 시작해 보는 게 어떨까?"
현준 "엄마한테 한번 말씀 드려볼게요……."

진 선생님은 웃으며 고개를 끄덕였다.

지율 "선생님, 그런데 우유는요? 어른들이 우유를 많이 먹어야 키가 쑥쑥 큰다고 하는데, 저는 우유를 먹으면 배가 아프고 설사를 해요. 그래도 우유를 꼭 먹어야 하나요?"

수현 "우유는 비타민과 칼슘 등의 영양소가 많이 들어있어요. 그래서 뼈가 튼튼해지고 키가 크는 데에 도움을 많이 줘요. 하지만 지율이처럼 우유를 잘 소화시키지 못해서 배가 아파지는 친구들이 있어요. 우유를 먹고 설사를 하기도 하고 심하면 토하기도 해요. 이런 경우에는 굳이 무리해서 우유를 먹을 필요가 없어요."

준서 "저는 우유 먹어도 배가 안 아파요! 그리고 우유를 엄청 좋아해요. 하루에 2L씩 마실 때도 있어요."

수현 "아무리 우유를 좋아해도 하루에 1잔(200ml) 정도를 섭취하는 게 좋아요. 더 마시면 살이 찌거나 충치가 생길 수도 있어요."

준서 "힝~."

준서가 시무룩한 표정을 지었다. 지금까지 우유는 많이 마시는 것이 무조건 좋은 줄만 알았는데……

예린 "선생님, 저는 밥을 먹기가 싫어요. 어릴 때부터 조금만 먹어도 금방 배가 부르고 입맛이 별로 없었거든요. 식사 시간마다 부모님이 밥 좀 먹으라고 잔소리를 하니까 밥 먹기가 더 싫어지더라고요. 밥을 무조건 많이 먹어야 하나요? 저 같은 아이는 어떻게 해야 하나요?"

수현 "예린이는 배가 작은 아이구나."
예린 "제 배가 작다고요?"

수현 "한의사 선생님들은 예린이같은 아이들을 배가 작은 아이라고 말한답니다. 한 번에 먹을 수 있는 양이 다른 친구들보다 많이 적고, 무리해서 많이 먹으면 소화가 잘 안 되죠?"
예린 "네, 맞아요."
수현 "예린이 같은 경우에는 음식을 조금씩 자주 먹는 게 좋아요. 식사

사이사이에 간식을 먹는 거죠. 성장에 필요한 에너지를 충분히 섭취해 줘야 하니까요. 예를 들면 이런 식으로 말이죠."

진수현 선생님은 칠판에 아래와 같은 그림을 그렸다.

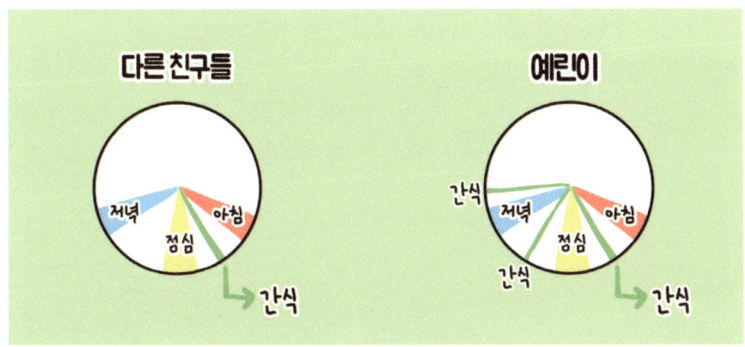

예린 "이해가 바로 됐어요, 선생님! 그런데 저희 엄마는 간식 먹으면 밥을 못 먹는다고 하면서 군것질을 못 하게 해요."
수현 "음, 군것질이랑 간식은 조금 달라요."
예린 "군것질이랑 간식이 다르다고요?"
수현 "군것질이라고 하면 보통 젤리나 쿠키, 아이스크림 같은 음식을 말해요. 이런 음식들은 설탕이랑 소금이 너무 많이 들어있고 칼로리가 높아요. 그러면서도 성장에 필요한 영양소는 거의 없고요."

예린이는 진수현 선생님의 말을 듣고 고개를 갸우뚱하며 되물었다.

예린 "간식은요?"
수현 "건강한 간식은 영양소가 풍부해서 키가 크는 데 도움이 되죠. 또 키가 쑥쑥 크는 데에 필요한 에너지를 주기도 하고요. 예린이 같은 경우에는 간식을 다른 친구들보다 조금 더 자주, 많이 먹어서 부족한 영양소를 자주 공급해 주면 좋겠죠."

준서가 진수현 선생님의 말을 듣더니 두 눈을 빛내며 손을 번쩍 들었다.

준서 "간식을 무조건 많이 먹어도 괜찮다는 거예요, 선생님?"
수현 "뭐든지 많이 먹으면 안 좋죠? 간식을 과하게 많이 먹으면 오히려 비만이나 소화불량이 되어서 건강을 해칠 수 있어요. 앞에 말한 건강한 간식을 적당히 먹는 것이 가장 좋아요."

진수현 선생님의 말이 끝나자 현준이가 불만이 있는 표정으로 투덜거렸다.

현준 "선생님, 먹는 걸 그렇게 하나하나 다 신경 쓰면 엄청 피곤하고 짜증날 것 같아요!!"
수현 "처음에는 조금 힘들 수도 있어요."
현준 "그래서 말인데요, 재밌게 밥을 먹기 위해서 TV나 스마트폰 보면서 식사를 하면 안 될까요?"

진수현 선생님은 현준이의 질문에 두 눈을 동그랗게 떴다.

수현 "당연히 안 되죠! 현준이는 밥 먹을 때 스마트폰을 많이 보나요?"
현준 "네! 저는 너튜브로 게임 방송 보면서 밥 먹는 걸 좋아해요. 근데 엄마는 자꾸만 밥 먹을 때 스마트폰 보지 말라고 잔소리 하세요."
수현 "엄마는 왜 그렇게 말씀을 하시는 것 같아요?"
현준 "스마트폰에 정신 팔리면 밥맛 떨어진다고……."
수현 "맞아요. 스마트폰이 밥 먹는 것 보다 훨씬 재미있는 건 사실이니까요. 그러면 점점 밥을 먹기 싫어지고 결국 성장에 필요한 음식을 충분히 먹지 못하겠죠."

진 선생님의 말에 현준이, 준서, 지율이는 모두 고개를 끄덕였다.

현준 "사실 스마트폰을 보다가 밥을 안 먹은 적이 몇 번 있어요. 식사 할 때는 밥에 집중하는 습관을 길러야겠어요!"
준서 "키가 크려면 편식하지 않고 음식을 골고루 잘 챙겨 먹어야겠네요!"
지율 "몸에 좋은 간식을 잘 먹으면 키도 쑥쑥 클 수 있겠어요!"

수현 "다들 수업을 잘 들었네요! 오늘 수업한 내용을 잘 기억했다가 집에서 꼭 실천하도록 해요, 여러분!"

아이들 "네~~!"

| 부록 음식나라 신호등 |

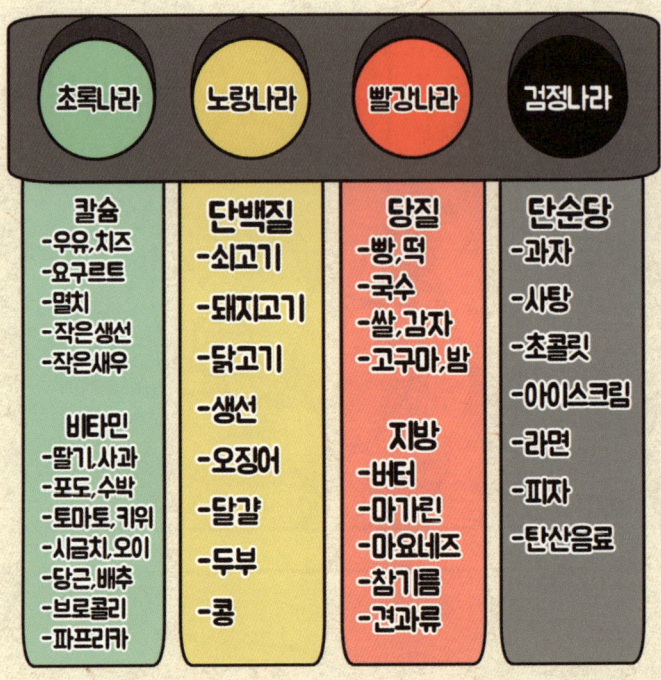

초록나라 음식: 많이 먹을수록 키가 크고 건강해지는 데에 도움을 주는 음식들이에요. 뼈를 튼튼하게 하는 칼슘과, 피부를 곱게 하고 다른 영양소를 도와주는 비타민이 대표적이에요.

노랑나라 음식: 우리 몸을 구성하고 있는 근육을 만들고, 활동하기 위한 에너지를 주는 음식들이에요. 하지만 노랑나라 음식만 너무 많이 먹으면 영양소가 불균형해져서 건강에 안 좋을 수도 있어요.

빨강나라 음식: 공부를 하거나 움직이거나 운동을 하는 등의 활동을 하기 위해서 꼭 필요한 음식들이에요. 빨강나라와 노랑나라, 초록나라 음식의 비율을 잘 맞추어 골고루 먹어야 해요.

검정나라 음식: 다른 음식들보다 칼로리는 많으면서 영양가는 거의 없는 음식들이에요. 많이 먹으면 살이 찌고 이가 썩기 쉬워요. 되도록이면 먹지 않는 것이 좋아요.

| 세 번째 시간 |

키가 크는 운동이 따로 있다고요?

수현 "여러분, 잘 지냈어요? 벌써 세 번째 시간이네요! 오늘은 키가 크는 운동에 대해서 이야기해 볼 거예요!"
지율 "선생님, 키 크는 게 운동이랑도 상관이 있나요?"
수현 "그럼요. 키가 쑥쑥 크려면 운동도 규칙적으로 해 줘야 한답니다."

진수현 선생님의 말을 듣고 현준이가 신나게 손을 들면서 말했다.

현준 "선생님! 저는 운동 진짜 많이 해요!! 태권도 학원도 매일 다니고, 학교 끝나면 친구들이랑 축구도 하고요. 또 주말에는 엄마 아빠랑 배드민턴도 많이 쳐요!"
수현 "현준이는 운동을 좋아하는구나! 참 잘 하고 있네. 하지만 운동을 너무 많이 하는 것도 좋지는 않아요. 일주일에 4~5번 정도, 1시간씩만 운동을 해도 충분해요."
현준 "더 많이 하면 안 좋은가요?"
수현 "키가 크는 데에 에너지가 필요하다고 했죠? 키가 크기 위한 에너지를 몸에 남겨 두어야 하는데, 모든 에너지를 운동에 다 써 버리면 키가 잘 크지 않겠죠? 하지만 지금 충분히 잘 하고 있으니까 너무 과하게 운동하지만 않으면 좋을 것 같아요."
현준 "네~~!"

오랜만에 칭찬을 들은 현준이는 금세 표정이 밝아져서 싱글벙글했다.

지율 "그런데요, 선생님! 키가 크는 운동이 따로 있나요?"
수현 "일단은 어떤 운동이든지 재미있게 꾸준히 하는 게 가장 중요해요! 특히 온 몸을 사용하는 운동, 그리고 점프를 많이 하는 운동이 좋죠."
현준 "축구랑 줄넘기가 엄청 좋겠네요?"
지율 "수영이랑 태권도, 배드민턴도요!"

수현 "네, 방금 현준이랑 지율이가 예시로 든 운동들이 키가 쑥쑥 크는 운동이에요."

준서 "선생님, 저는 운동을 왜 해야 하는지 잘 모르겠어요. 너무 힘들고 땀도 많이 나고……. 운동을 잘 하지도 못 하고요. 굳이 운동을 해야 하나요?"

수현 "키가 크려면 성장판을 자극해 줘야 하는데, 성장판을 자극해 주려면 줄넘기나 달리기 같은 운동을 하는 게 가장 좋아요. 또 운동을 해야 키가 쑥쑥 크게 하는 성장호르몬이 잘 나오고요."

민철 "준서 너는 살이 쪄서 운동을 못 하는 거야! 운동을 안 하니까 살이 더 찌고."

준서 "뭐!? 너 말 다했어!"

　진수현 선생님은 갑자기 싸우기 시작한 두 사람을 보면서 진땀을 흘렸다. 그러다가 좋은 생각이 난 듯이 손뼉을 짝 쳤다.

수현 "자, 친구들! 우리 그러면 오늘은 야외 수업을 진행해볼까요? 키가 쑥쑥 크는 운동을 직접 해 볼게요!"
지율 "야외수업이요? 와!! 너무 좋아요!"
예린 "아, 피부 타는데……."
현준 "앗싸!! 지금 바로 나가면 되죠, 선생님? 얘들아! 운동장으로 가자!!"

아이들이 우르르 교실 밖으로 몰려 나갔다. 민철이와 준서도 서로를 잠시 노려보다가 '흥!' 고개를 돌리고 운동장으로 나가기 시작했다. 진수현 선생님은 '휴~' 하고 안도의 한숨을 내쉬면서 두 사람의 뒤를 따라갔다.

하나 둘 셋 넷 다섯 여섯 일곱 여덟!
둘 둘 셋 넷 다섯 여섯 일곱 여덟!

수현 "운동을 하기 전에는 꼭 스트레칭을 해 줘야 해요! 운동을 하다가 다치면 오히려 키가 크는 데에 방해가 되거든요. 또, 스트레칭 자체도 키가 쑥쑥 크는 좋은 운동이랍니다."

스트레칭을 마치고 잠시 쉬는 중에 예린이가 다가왔다.

예린 "선생님, 저는 운동 안 하고 그늘에서 쉬면 안 될까요?"
수현 "예린이는 운동을 싫어하니?"

예린 "저는 매일 춤도 추고 운동을 좋아하기는 하지만… 햇빛 때문에 살이 타서요. 아이돌 되려면 피부가 하얘야 하거든요."

수현 "음… 하지만 햇빛을 충분히 받아야 비타민 D가 많이 생기는 걸?"

예린 "비타민 D요?"

수현 "비타민 D는 키가 크고 뼈가 자라는 데에 도움을 주는 영양소란다. 그런데 특이하게도 비타민 D는 햇빛을 충분히 받아야 생겨나지. 햇빛을 받지 않으면 비타민 D가 결핍되면서 뼈가 약해지고 키도 잘 자라지 못하게 된단다. 심하면 다리뼈가 휘기도 해."

예린 "헉… 다리뼈가 휜다고요?"

수현 "정말이야. 그러니까 지금 당장 피부가 좀 타더라도… 햇빛을 받으면서 열심히 뛰어 놀아야 멋진 아이돌이 되는 데에도 더 좋지 않을까?"

진수현 선생님의 말을 들은 예린이는 고개를 크게 끄덕이고 다른 친구들이 있는 운동장 한 가운데로 돌아갔다. 진 선생님은 그 모습을 보면서 씩 미소지었다.

수현 "자, 다들 몸 잘 풀었나요? 그러면 지금부터 피구를 할 거예요."
지율 "에이~ 피구는 맨날 체육시간마다 하는데요"
수현 "지금 할 운동은 여왕피구예요!"
예린 "여왕피구요?"
수현 "팀을 둘로 나누어서 여왕 한 명을 정해요. 다른 규칙은 일반 피구랑 비슷하지만, 여왕 피구에서는 여왕이 공에 맞으면 바로 패배예요. 그러니 여왕을 지키기 위해 열심히 뛰어야겠죠?"
지율 "그러면 어떻게 해야 게임을 이길 수 있어요?"
수현 "여왕을 빼고 맨 마지막까지 남는 한 사람은 무적 호위무사가 됩니다. 무적이 된 호위무사는 상대 팀 여왕만이 죽일 수가 있어요. 우리 팀 여왕을 잘 지키면서도 상대팀 여왕을 빨리 잡아야겠죠?"
현준 "자, 이런 건 일단 게임 한번 해 보면서 배우는 거야! 얘들아 다 모여!! 팀 짜자!"

수현 "지금부터 게임 시~작!"
현준 "공 여기로 패스해! 패스!"
준서 "악! 빨리 예린이 앞으로 가서 여왕을 지키자!!"

 신나게 뛰어놀면서 여왕피구에 푹 빠진 5학년 2반 친구들. 처음에는 운동을 하기 싫어했던 준서와 민철이도 어느새 진지한 눈빛으로 운동에 집중하기 시작했다.
 10분 정도 시간이 흐르자 지율이와 현준이, 그리고 예린이, 준서, 민철이만 남았다.

민철 "준서 너 의외네? 어떻게 여태까지 살아남아 있어?"
준서 "흥! 너야말로 맨날 책만 보고 운동은 못 하는 줄 알았는데 오래 버텼네!"
예린 "얘들아, 지금 싸울 때가 아니야! 저쪽 팀은 여왕인 지율이랑 현준이만 남았어. 현준이는 이제 무적 호위무사란 말이야!"

 현준이는 지율이에게 날아오는 공을 몸을 던져 막았다. 그리고는 떨어진 공을 주워 준서에게 잽싸게 던졌다.

현준 "에잇!! 받아라!"
준서 "아앗!"
민철 "위험해!"

 민철이가 몸을 던져서 예린이에게 날아오는 공을 막았다. 민철이의 어깨를 맞고 튕겨져 나간 공이 데굴데굴 굴렀다. 준서가 공을 주워들었다.

준서 "민철이 너……."

민철 "준서 네가 나보다는 피구를 잘 하는 것 같아서. 이제 너도 무적이야. 우리 팀 여왕을 잘 지켜줘."

준서는 고개를 끄덕였다.

준서 "예린아, 내 뒤에만 꼭 붙어있어!"
예린 "응! 공 잡으면 나한테 줘. 공 던지는 거는 자신 있어!"

 공이 몇 차례 오고갔다. 준서와 현준이는 재빠르게 몸을 던져서 여왕을 지켜냈다. 현준이가 이를 악물고 강하게 던진 공에 머리를 맞은 준서가 이마를 감싸 쥐고 넘어졌다.

예린 "준서야, 괜찮아?"
준서 "응, 괜찮아! 그보다 여기, 공 받아. 예린이 너만 믿을게!"
예린 "…응!"

 예린이가 공을 건네받고는 크게 심호흡을 했다. 그리고 지율이를 향해 '슉' 하고 던졌다!

지율 "앗!"
현준 "지율아!!"

 공이 지율이의 어깨를 맞고 '팡!' 하고 튀어나가 바닥에 데굴데굴 굴렀다. 그 모습을 멍하니 바라보던 아이들은 모두 환호성을 질렀다.

예린 "와아아아!!!!"
민철 "준서랑 예린이 대단하다!!!!!"
준서 "끝까지 버틴 지율이랑 현준이도 멋있었어!"

수현 "여왕피구 승리자는 예린 여왕 팀입니다!"

현준 "준서 너, 피구 제법 하는데?"
지율 "예린이도 공 엄청 잘 던진다!"

준서는 현준이와 지율이의 칭찬에 머쓱한 표정을 지었다.

준서 "사실은 민철이가 아까 날 도와줘서 이길 수 있었어. 민철아 고마워."
민철 "준서야, 아까는 내가 말을 심하게 해서 미안해……. 예린이를 지키는 모습이 든든하고 멋지더라!"

준서와 민철이는 서로를 바라보며 씩 미소지었다. 그 모습을 보던 다른 친구들도 기분 좋게 웃었다. 여기저기 흙이 묻고 땀이 났지만 아무도 신경 쓰지 않았다. 지금 이 순간 친구들의 마음이 하나가 된 듯한 기분이었다.

현준 "이제 여왕피구 규칙 다들 알았지? 자, 다음 판은 팀 섞어서 다시 해 보자!!"
지율 "남자애들도 여왕 시키자!"
예린 "좋아! 이번에는 내가 너희를 지켜줄게!"
준서 "다들 모여라~!"
민철 "편먹고 먹기! 가위 바위 보!"

떠들썩한 웃음소리가 운동장에 울려 퍼졌다. 어느새 자신의 도움 없이도 재미있게 운동을 즐기기 시작한 아이들을 보면서 진수현 선생님도 빙그레 웃었다.

| 부록 ① 성장판이란? |

 성장판은 뼈의 위아래에 있는 물렁물렁한 부분으로, 새로운 뼈를 만들어서 뼈를 길게 만들어줘요. 성장판 덕분에 키가 자랄 수 있답니다.
 사춘기가 오게 되면 성장판의 새로운 뼈를 만드는 능력이 점점 줄어들게 돼요. 사춘기가 끝나면 성장판도 뼈로 점차 변하게 되는데, 이를 '성장판이 닫힌다'고 표현해요.
 성장판이 완전히 닫히고 나면 키 성장이 멈추게 돼요.

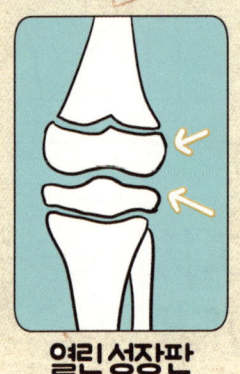
열린 성장판

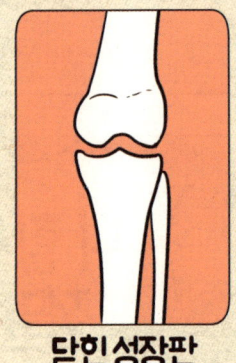
닫힌 성장판

| 부록 ② 키가 쑥쑥 크는 성장판 스트레칭 |

 키가 쑥쑥 크려면, 성장판에 새로운 뼈를 만들어달라는 신호를 많이 보내줘야 해요.
 성장판을 자극하기 위한 운동으로는 달리기, 줄넘기, 축구, 농구, 태권도 등이 있답니다.
 스트레칭 또한 성장판을 자극해주고 온몸의 근육을 풀어줘서 키 크는 데 매우 중요해요.
 간단한 스트레칭을 함께 해볼까요?

① 서서 몸 늘려주기

② 옆구리 양쪽으로 늘려주기

③ 몸 앞으로 숙이기

| 부록 ③ 키가 쑥쑥 크는 혈자리 마사지 |

키가 쑥쑥 클 수 있도록 키 성장 혈자리 마사지를 알려드릴게요.
혈자리를 엄지손가락으로 10초 정도 지그시 눌러주세요.

1) 슬안혈

무릎을 구부렸을 때 무릎뼈 바로 아래 앞쪽으로 움푹 패인 자리 안쪽(내슬안)과 바깥쪽(외슬안)이 있어요.

2) 족삼리혈과 음릉천혈

족삼리혈: 외슬안혈에서 5cm 정도 아래 정강이의 약간 움푹한 곳

음릉천혈: 내슬안혈에서 5cm 정도 아래, 종아리 안쪽 뼈를 따라 무릎 쪽으로 올라가다보면 큰 뼈와 만나는 오목한 곳

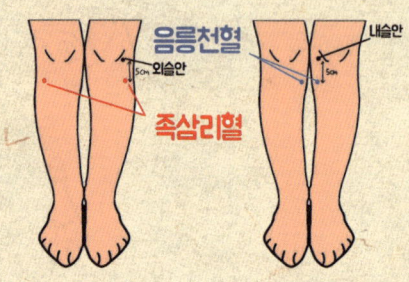

3) 곤륜혈과 태계혈

곤륜혈: 바깥쪽 복사뼈와 아킬레스건 사이 움푹한 곳

태계혈: 안쪽 복사뼈와 아킬레스건 사이 움푹한 곳

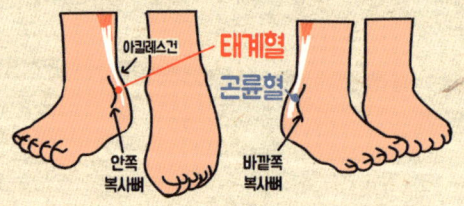

4) 위중혈과 승산혈

위중혈: 무릎오금의 한 가운데

승산혈: 위중혈에서 6~7cm 정도 아래, 종아리근육이 두 갈래로 나뉘는 곳

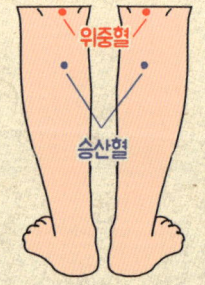

| 네 번째 시간 |
살 찐 게 나중에 다 키로 간다던데요?

준서 "선생님께 인사! 선생님~ 안녕하세요~!"
수현 "안녕하세요 여러분, 다들 별 일 없었나요?"
아이들 "네에~"

 다른 아이들은 입을 모아 대답했지만 준서는 하얗고 통통한 손을 번쩍 들었다.

준서 "선생님! 저는 선생님 보고 싶어서 너무 힘들었어요~!"
수현 "어이쿠. 그랬어요? 엄청난 영광인데?"

 진수현 선생님이 호들갑스럽게 대답하자 준서가 씩 웃었다. 학생들 사이에 꺄르르 웃음이 지나가고 나서 선생님이 입을 열었다.

수현 "오늘 수업의 주제는 바로 '비만'이에요. 다들 비만이 뭔지 알고 있나요?"

 그러자 현준이가 손을 번쩍 들고 말했다.

현준 "뚱뚱한 거요!"
지율 "몸무게가 많이 나가는 거예요!"
수현 "음, 어느 정도는 맞지만 단순히 몸무게가 많이 나가거나 뚱뚱한 게 비만이라고 하기는 힘들어요. 비만이 뭔지 또 말해 볼 친구 있나요?"

 진수현 선생님의 질문에 예린이가 손을 들었다.

예린 "키에 비해서 몸무게가 많이 나가는 걸 비만이라고 해요. 경도, 중도, 고도 비만이 있고요. 어릴 때 비만이 있으면 커서도 비만이 될

확률이 높아요."

수현 "예린이가 비만에 대해서 잘 알고 있네요. 맞아요. 우리 몸에는 지방세포가 있는데, 어릴 때 비만이 생기면 이 지방세포의 개수가 늘어나요. 한 번 늘어난 지방세포는 죽을 때까지 줄어들지 않고요. 따라서 소아비만이 있는 친구들은 커서도 비만이 되기가 쉽죠. 건강에도 좋지 않고요."

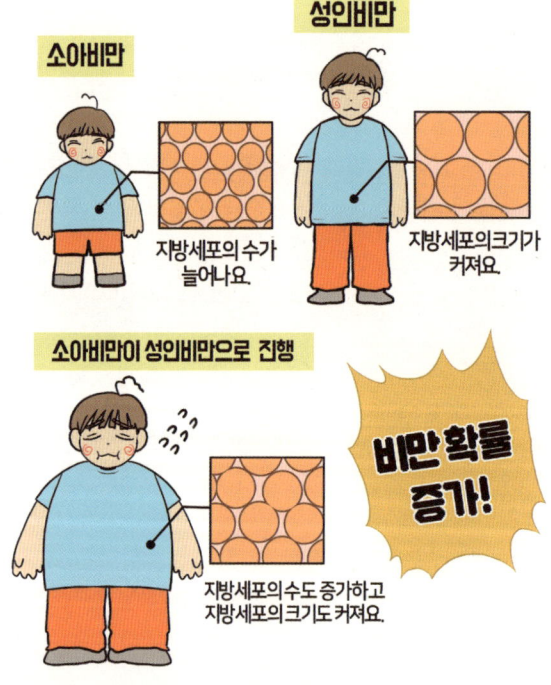

선생님의 말을 들은 준서는 걱정스러운 표정을 지었다.

준서 "우리 아빠랑 엄마도 비만인데……. 아빠는 얼마 전에 심장이 안 좋아서 수술을 하셨어요. 엄마도 당뇨병이 있다고 하시던데 그게 비만 때문일까요?"
수현 "안타깝지만 그럴 가능성이 커요. 비만으로 내장지방이 많아지면 고혈압, 당뇨병, 심장병이 발생할 위험이 더 높아지거든요. 그렇기 때문에 지금 시기에 건강한 음식을 먹고, 건강한 습관을 만들어야 해요."

준서는 심장 수술을 하고 나서 아파하시던 아빠의 모습과, 당뇨약을 챙겨먹느라 아침마다 힘들어하시는 엄마의 모습을 떠올렸다. 주사를 맞거나 약을 먹는 게 싫어서라도 건강하게 지내야겠다는 생각이 들었다.

준서 "그런데 우리 엄마는 살이 나중에 다 키로 간다고 했어요. 그건 무슨 뜻이에요?"
수현 "음, 살이 키로 간다는 말은 오해에요. 오히려 어릴 때 비만이 있으면 키가 덜 클 확률이 높아져요. 이전 시간에 성장에 나쁜 영향을 주는 원인들이 많다고 했었죠? 그 중에 정말 대표적인 원인이 바로 비만이에요."

진수현 선생님은 칠판에 아래와 같은 그림을 그렸다.

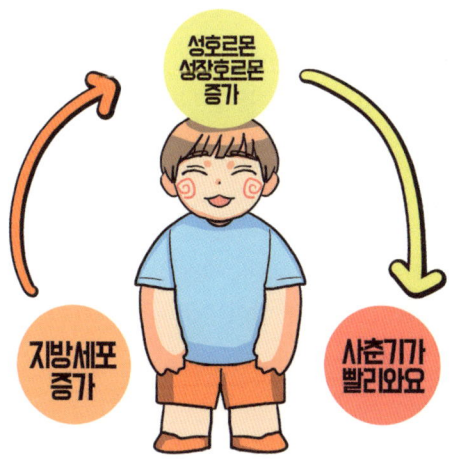

수현 "비만이 되면 몸에 있는 지방세포의 수가 증가하면서 많은 양의 지방이 몸에 쌓여요. 그러면 지방에서 성장호르몬과 성호르몬이 너무 많이 분비되면서 사춘기가 빨리 오게 되고요. 다들 첫 번째 시간에 했던 내용 기억나죠?"
준서 "네, 사춘기 기간이 빨리 오고 짧아질수록 키가 크지 못한다고 했어요."
수현 "맞아요. 비만이 있으면 사춘기가 빨리 오고, 성장하는 총 기간이 짧아져요. 또 뚱뚱한 상태가 계속되면 다른 친구들에 비해 성장호르몬이 더 빠르게 줄어들어요. 결국 원래 내가 클 수 있는 키보다도 훨씬 작아지는 거죠."

진 선생님의 말에 준서의 얼굴이 새하얘졌다가 빨개졌다. 오늘 아침에만 해도 키가 쑥쑥 크기 위해서 팬케이크에 시럽을 왕창 뿌려서 초코우유까지 먹고 왔는데……. 그러면 그게 키가 쑥쑥 크는 행동이 아니라 반대로 키를 팍팍 줄이는 행동이었던 게 아닌가!

준서 "선생님, 그러면 살이 다 키로 간다는 말은 거짓말인 거예요?"
수현 "반은 맞지만 반은 틀린 말이죠. 예를 들어 편식이 심하고 밥을 잘 안 먹는 친구가 있다면, 당연히 음식을 골고루 많이 먹어야 해요. 너무 마르면 키가 잘 크지 못하니까요. 이 경우에는 살이 키로 간다는 말이 맞는 말이죠. 하지만 이미 비만이 있는 상태에서 살이 찌는 음식을 계속 먹는데도 살이 키로 간다고 하면, 그건 틀린 말이에요."
준서 "아, 그렇구나……."

준서의 눈에 금방이라도 울 것처럼 눈물이 그렁그렁 맺혔다. 그 모습을 보고 진 선생님은 다급히 설명을 이어나갔다.

수현 "그렇지만! 다행히도 이미 키가 다 커버린 어른들에 비해서 어린이들의 비만 치료는 조금 더 쉽답니다. 지금부터 '건강한 다이어트'에 대해 이야기해볼까요?"

준서 "건강한 다이어트요?"

 진수현 선생님은 칠판에 '다이어트'라고 크게 썼다.

수현 "다들 다이어트가 뭔지는 알 텐데. 좀 자세히 설명해 줄 사람 있을까요? 예린이가 한번 설명해 볼까?"

 지목받은 예린이는 본인이 바로 다이어트 전문가라도 되는 듯이 자신 있게 대답했다.

예린 "다이어트의 핵심은 먹는 걸 줄이는 거죠. 저는 칼로리가 높은 음식은 아예 입에도 안대요. 밥 대신 두유나 두부, 삶은 계란, 방울토마토 같은 살 안 찌는 음식을 먹어요. 하루에 700칼로리 정도 먹으면 살이 금방 빠져요."

수현 "음… 예린이가 말하는 다이어트가 체중 감량에 효과적인 건 맞아요. 하지만 방금 말한 그런 방법은 하기도 어렵고, 몸에도 좋지 않은 건강하지 못한 다이어트에요."

예린 "왜 그런 건가요?"

수현 "우리 친구들은 성장기이기 때문에 영양소를 골고루 섭취해야 해요. 그렇지 않으면 키가 클 수가 없어요. 빈혈이나 영양실조 같은 문제가 생기기 쉽고 뼈도 약해져요. 무리한 체중 감량은 좋지 않아요."

선생님의 말에 예린이는 충격을 받은 표정을 지었다. 진 선생님은 그 모습을 잠시 바라보다가 말을 이었다.

수현 "특히 어린이들의 다이어트는 어른과는 많이 달라요. 여러분은 앞으로도 키가 많이 클 예정이니까요. 좋은 음식을 잘 챙겨 먹고, 몸을 조금 더 움직이고, 습관을 바꾸는 것만으로도 비만을 치료할 수 있어요!"

준서 "선생님! 그러면 건강한 다이어트를 할 때 어떤 음식을 먹는 게 좋은가요?"

수현 "좋은 질문이에요! 여러분은 성장기이기 때문에 배가 고픈 게 당연하고, 음식을 먹고 싶은 게 정상이에요. 좋은 음식을 잘 챙겨 먹으면 배가 부르게 먹어도 비만해지지 않아요. 하지만 나쁜 음식을 먹는다면 배도 금방 꺼지면서 살도 많이 쪄요."

준서 "어떤 게 좋은 음식이고, 어떤 게 나쁜 음식인가요?"

수현 "좋은 음식은 자연 그대로의 음식이에요. 예를 들어서 찐 고구마, 삶은 닭고기, 쌀밥, 멸치볶음, 콩나물 무침 같이 최소한의 양념과 조리를 한 음식들이죠."

예린 "그러면 나쁜 음식은요?"

수현 "쉽게 말하면 '가공식품'이에요. 가공식품이란 재료를 먹기 편하고 저장하기 쉽게 만들어 놓은 음식이에요. 예를 들어서 돼지고기를 으깨서 각종 향신료, 보존제, 색소 등을 잔뜩 넣으면 여러분이 좋아하는 햄이 됩니다. 오렌지를 짠 뒤에 오렌지 향이 나는 합성첨가물과 색소, 설탕을 많이 넣으면 오렌지 주스가 되죠. 이런 음식들은 맛도 있고 먹기도 편하지만 건강에 좋지 않아요. 햄이나 오렌지 주스보다는 돼지고기와 오렌지를 먹는 것이 좋죠. 가능하면 가공식품보다는 신선한 재료로 집에서 만든 음식을 먹어야 해요."

라면, 햄버거, 삼각김밥, 콜라……. 학교 앞의 편의점에만 가도 가공식품이 잔뜩 있다. 하굣길이나 학원 쉬는 시간에 쉽고 빠르게 배고픔을 해결하기에 딱이었는데……. 선생님께서 말씀하는 '가공식품'들은 맛이 맵고 짜고 자극적일수록 편의점에서 불티나게 팔리고는 했다. 지금 생각해 보니 그런 음식을 먹고 난 뒤에는 배가 아프거나 설사를 한 적이 많았다.

민철 "비만에는 먹는 것도 중요하지만 운동도 중요하지 않나요?"
수현 "맞아요. 운동을 충분히 해야 기초 대사량도 높아지고, 성장판이 자극되면서 키도 쑥쑥 잘 크게 되죠."
민철 "그러면 어떤 운동을 해야 하나요?"
수현 "어떤 운동이든 재미있게 꾸준히 할 수 있는 운동을 하면 좋아요! 물놀이를 좋아한다면 수영도 좋고, 태권도나 자전거 타기도 좋아요."
준서 "피구도 좋아요?"
수현 "그럼요. 좋아하는 운동을 하루에 30분 정도씩 땀이 약간 날 정도로 해주면 돼요. 너무 과하게 운동을 해서 살을 뺄 필요는 없고, 지금의 체중이 유지될 정도로만 관리해줘도 충분해요."

준서 "선생님, 저 꼭 다이어트 성공해서 건강도 챙기고 키도 쑥쑥 클 거예요! 그런데, 먹는 거나 운동하는 거 말고는 어떤 걸 조심해야 해요?"

수현 "준서는 밥 먹을 때 TV를 보거나 스마트폰을 하나요?"

준서 "네! 아빠 엄마는 TV로 드라마를 보시고요, 저는 너튜브로 게임 방송을 봐요."

수현 "TV나 스마트폰을 보면서 밥을 먹으면 먹는 데에 집중을 하지 못해요. 그러면 배가 부른 걸 뇌가 알아차리지 못하고 밥을 과식하게 돼요. 아무리 좋은 음식이라도 너무 많이 먹으면 당연히 살이 찌겠죠?"

지율 "선생님! 지희 엄마는 맨날 밥 먹고 바로 누우면 소 된다고 잔소리하시는데 그건 무슨 소리에요?"

수현 "밥을 먹고 바로 누우면 소화기에도 무리가 가고, 에너지 소비가 적어지면서 쉽게 살이 찌는 체질이 되거든요. 밥을 먹은 다음에는 30분 정도씩 가볍게 걷거나 하는 게 좋아요. 일상생활에서 활동량을 조금씩 늘리도록 노력해 볼까요?"

1. 식후 20분 정도 산책하기

2. 부모님을 도와서 집안일 하기

3. 짧은 거리는 걸어서 다니기

4. 텔레비전 시청, 스마트폰 등 앉아있는 시간을 줄이기

수현 "비만이 있으면 키가 안 크는 것도 문제지만 건강이 빨리 나빠져서 어른이 되어서도 병에 자주 걸리고 아파요. 건강한 식습관과 생활 습관을 만들고 유지한 채 성인이 되는 게 정말 중요하답니다."

준서 "저는 여태까지 살이 다 키로 가는 줄 알았는데! 비만이 키 크는 데에도 안 좋고, 몸에도 안 좋은 걸 이제야 알았어요."

지율 "저도 조금 통통한 편인데……. 비만이 되지 않게 운동을 자주 하고, 간식 먹을 때도 가공식품을 먹지 않도록 노력해야겠어요!"

| 부록 : 소아 비만 관련 Q&A |

Q. 소아비만이라면 살을 최대한 빨리 빼는 것이 키 크는 데 유리한가요?
A. 키가 크는 시기의 어린이가 살을 무리해서 빠르게 빼는 것은 좋지 않아요. 정상적인 키 성장을 위해서는 필요한 영양분을 충분히 먹어주어야 합니다. 가벼운 식단 조절을 통해 넘치는 칼로리를 줄이고 운동을 통해 에너지의 소비를 늘려야 해요. 나쁜 생활 습관을 고치고 좋은 생활습관을 오래 유지하는 것이 핵심입니다!

Q. 만약 고도비만이어서 꼭 살을 빼야 하는 상황이라면 어떻게 하나요?
A. 고도비만이라면 6개월에서 12개월에 걸쳐 서서히 식사량을 줄여 주세요. 그리고 식단 조절 뿐 아니라 운동도 규칙적으로 하는 것이 좋아요.

Q. 어린이들이 먹는 음식 중에 살이 많이 찌는 음식은 무엇인가요?
A. 이런 음식들을 많이 먹으면 살이 찌고 성장에도 나쁜 영향을 줍니다.
 - 설탕이 많은 음식 (케이크, 과자, 사탕, 탄산음료 등)
 - 기름기가 많은 음식 (삼겹살, 튀김류 등)
 - 패스트푸드, 인스턴트 식품, 라면 등

반면, 많이 먹어도 살이 별로 찌지 않는 음식에는 이런 것들이 있어요.
 - 싱싱한 채소(시금치, 양배추, 토마토 등)
 - 기름기가 적은 음식(생선류, 붉은 살코기, 두부, 닭가슴살 등)
 - 섬유소가 많은 음식 (과일, 콩, 현미, 감자, 고구마 등)
 - 해조류 (김, 미역, 다시마 등)

Q. 꼭 운동을 해야만 살이 빠지나요?
A.. 운동을 하면 몸의 에너지를 많이 쓸 수 있을 뿐만 아니라 체력도 좋아져요. 또, 운동 자체가 키를 크게 하는 효과도 있어요. 또한 다양한 몸의 움직임을 즐기고 노는 과정에서 다른 친구와 함께 사이좋게 지내는 법, 친구를 존중하는 법, 규칙을 지키는 법을 자연스럽게 익힐 수 있고, 건강한 자신감도 얻을 수 있어요.
 어린이가 혼자서 운동을 하기 어렵다면 부모님과 함께 집 앞 산책부터 시작해 봅시다. 활동량을 조금씩 늘리면서 가족 모두가 함께 돕고 응원해주세요.

| 다섯 번째 시간 |
몸의 변화가 너무 빨리 찾아왔어요.

평화로운 어느 날 오후, '진수현 한의원'의 문이 조심스럽게 열렸다. 마침 환자 대기실에 나와 있던 진 선생님은 한의원을 찾아온 어린이 손님들을 보고 깜짝 놀랐다.
수현 "예린아, 지율아! 우리 한의원에는 웬 일이니?"
예린 "저, 그게……."
지율 "선생님, 건강 고민이 있어서 왔어요! 저희도 진료 봐 주시면 안 될까요?"
수현 "어… 그럼, 당연히 되지. 어서 들어오렴."

진수현 선생님이 두 사람을 원장실로 안내했다. 부모님 없이 병원을 와 본 것이 처음인 예린이와 지율이는 쭈뼛거리면서 선생님이 마련해 준 의자에 앉았다. 긴장도 잠시, 아늑하고 포근한 한의원의 분위기와 은은한 한약 냄새에 마음이 편해졌다. 꼭 진수현 선생님처럼 편안하고 따스한 병원이라는 생각이 들었다.
진 선생님은 긴장을 푼 두 사람을 보며 입을 열었다.

수현 "그래, 우리 예린이랑 지율이가 무슨 일로 선생님 한의원까지 찾아왔을까?"

예린 "저… 선생님, 제가 어제 초경을 시작했어요. 인터넷을 찾아보니까 여자 아이들은 중학교 때 초경을 시작하는 게 정상이라고 하더라고요. 선생님, 제가 뭔가를 잘못해서 그런 걸까요? 부끄럽기도 하고 무섭기도 해요……."

수현 "우리 예린이가 초경을 시작했구나. 음, 초경은 예린이의 몸이 어른으로 변하고 있다는 신호란다. 몸의 변화는 무섭거나 부끄러운 게 아니에요."

예린 "아, 다행이다……."

예린이는 신 선생님의 말에 안도의 한숨을 내쉬었다.

수현 "하지만 몸의 변화가 너무 빠르거나 늦으면 문제가 될 수 있어요. 초등학교 5학년에 초경을 했다는 것은 몸의 변화가 빨리 찾아왔다는 뜻이죠."

예린 "몸의 변화가 빨리 찾아왔다고요?"

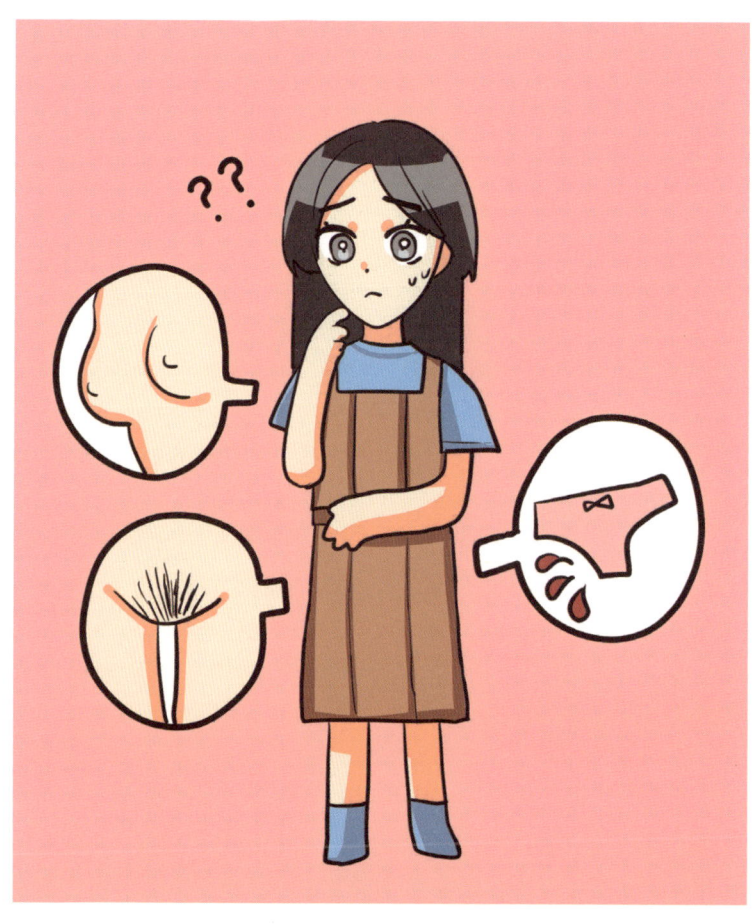

수현 "어른이 되어가는 과정에서 성호르몬이 분비되면서 2차 성징이 나타나는 건 알죠? 보통 가슴 몽우리가 생기고 겨드랑이, 사타구니에 털이 나요. 그러다가 만 13살 즈음에 초경을 하게 되어요. 하지만 예린이 나이인 만 11살에 초경을 시작한 건 조금 이르기는 해요."
예린 "초경을 빨리 시작하면 뭐가 안 좋은가요?"

수현 "초경을 빨리 하면 예상키보다 키가 작게 될 수도 있어요. 초경을 하고 나면 키 성장이 서서히 멈추게 되거든요."
예린 "그렇구나……."

진 선생님의 말에 예린이가 고개를 끄덕였다.

예린 "선생님, 그러면 초경이 시작되면 키가 더 이상 자라지 않나요? 저는 아직 키가 더 크고 싶은데 방법이 없나요?"
수현 "초경을 하더라도 성장이 바로 멈추는 건 아니에요. 보통 초경 이후로 서서히 성장이 마무리되면서 조금씩은 키가 자라요. 하지만 관리를 하지 않고 방치한다면 정말로 초경 직후에 성장이 멈출 수도 있어요. 그래서 남은 기간 동안 건강하게 성장을 마무리할 수 있도록 관리를 해 주어야 해요."

진 선생님이 차분히 설명을 해 주었다. 당장 키가 멈추는 게 아니라는 말에 예린이는 조금 안심이 되었다. 반대로 지율이의 표정은 점점 굳어져 갔다.

지율 "선생님, 저는 사실 초등학교 4학년 때 이미 초경을 시작했는데요……. 브래지어도 초등학교 2학년 때부터 했고, 키도 다른 친구들보다 커서 그냥 몸이 좀 더 빨리 자란다고 생각했어요. 저도 뭔가 문제가 있는 건가요?"
수현 "아, 지율이는 초등학교 4학년 때 초경을 했구나. 브래지어도 빨리 착용하고… 그렇다면 아마 지율이는 성조숙증이 있었을 확률이 높아요."
지율 "성조숙증이요?"

처음 듣는 단어에 지율이가 두 눈을 동그랗게 떴다.

수현 "성조숙증이란 성 호르몬이 너무 이른 시기에 분비되면서 사춘기가 너무 빨리 찾아오는 걸 말해요. 여자 아이들의 경우에 가슴 몽우리가 생기면서 키가 쑥 크고, 여드름이 나기도 하죠? 이런 변화가 만 8살 이전에 찾아오면 성조숙증을 의심할 수 있어요."

[여기서 잠깐] 성조숙증이란??
사춘기 발달이 또래보다 일찍 나타나는 경우에요.
여자는 만 8세 이전에 가슴 발달이 나타날 때, 남자는 만 9세 이전에
고환 발달이 나타날 때를 성조숙증이라고 해요.

지율 "성조숙증은 왜 생기는 건데요?"
수현 "뚜렷한 원인은 없고 유전이나 환경호르몬, 비만 등이 다양하게 영향을 미치는 것으로 알려져 있어요. 성조숙증이 있으면 성장이 빨리 멈추기 때문에 상황에 따라서는 적극적으로 치료해야 해요. 하지만 다행히 지율이는 치료 없이도 키가 잘 컸네요. 이제 예린이와 마찬가지로 성장이 마무리될 때까지 관심을 가지고 신경을 써야겠어요."

 지율이는 조금 당황스러웠다. 성조숙증이라는 게 있는지도 몰랐는데, 자신이 성조숙증이었다니……. 스스로의 몸에 대해 너무 무관심했다는 생각이 들었다. 예린이와 진수현 선생님 덕분에 지금에라도 자신의 몸 상태를 알게 되어서 다행이었다.

지율 "선생님, 그러면 저희는 어떤 식으로 몸을 관리해야 하나요?"
수현 "몸의 변화를 빠르게 만드는 식습관이나 생활 습관을 최대한 고쳐야 해요. 예를 들어서 기름지고 짜고 단 음식들은 피하는 게 좋아요. 살이 찌면 지방세포가 많아지고, 그러면 사춘기가 더 빨리 오기 때문이죠. 또 인스턴트 식품이나 가공식품도 안 먹는 게 좋아요."
지율 "저는 비만은 아니지만 약간 통통한 편인데, 식습관을 많이 바꿔야겠네요."

지율이는 충격을 받은 표정을 지었다.

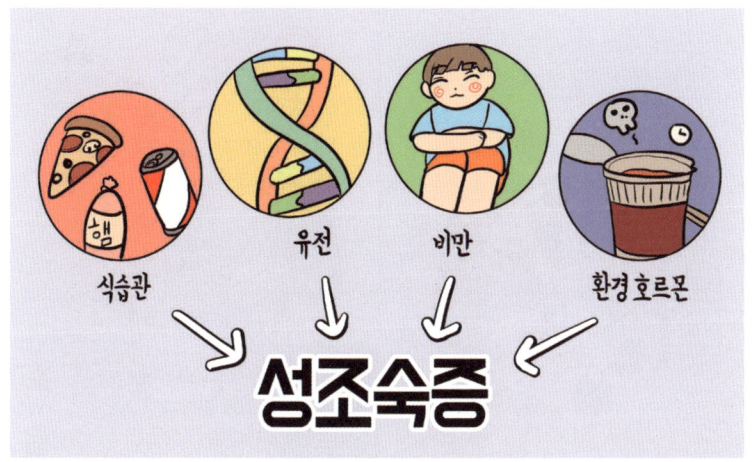

수현 "밤에 늦게까지 자지 않거나 스마트폰을 많이 하는 것도 성호르몬의 분비를 증가시켜요. 최대한 일찍 자고 전자기기 사용은 줄이는 게 좋아요. 특히 중요한 건 '환경호르몬 피하기'예요."
예린 "환경호르몬이 뭔가요?"
수현 "환경호르몬이란 인공적인 화학성분이 몸 안에 들어와서 마치 호르몬처럼 작용하는 물질을 말해요. 환경호르몬이 몸에 쌓이면 몸의 균형이 깨지면서 사춘기도 더 빨리 오고, 다양한 질병을 만들기도 해요."
지율 "엄마가 컵라면 먹으면 환경호르몬 나온다고 하셨는데, 그런 걸 말하는 거죠?"
수현 "맞아요. 컵라면이나 비닐봉투, 플라스틱 용기에 든 음식은 최대한 먹지 않는 게 좋아요. 화장품이나 향수, 세제 같은 물건에도 환경호르몬이 많이 있어요."

예린 "이럴 수가… 집에 가자마자 화장대에 있는 화장품을 다 버려야겠어요."

 아이돌이 되려면 화장도 잘 해야 한다면서 엄마를 졸라서 겨우 산 파운데이션, 틴트, 마스카라……. 지금까지는 모르고 쓰기는 했지만, 화장품의 환경호르몬이 몸에 나쁘다는 것을 안 이상 최대한 쓰지 말아야겠다는 생각이 들었다.

지율 "엄마가 컵라면 먹지 말라고 하실 때 말 들을 걸……. 몸에 그렇게 안 좋은지 몰랐어요."
예린 "저도요. 어른들은 맨날 잔소리만 한다고 생각했는데, 다 이유가 있는 거였네요."

수현 "여러분은 아직 어린이니까 모르는 게 많은 것이 당연해요. 또 몸의 변화를 처음 겪으면서 당황스럽고 무서울 수도 있어요. 그렇지만 혼자서 고민하거나 속상해하지 말고, 부모님이나 선생님 같은 어른들과 이야기하면 좋겠어요. 어른이 되는 과정은 누구에게나 찾아오는 법이에요. 여러분들이 그 과정을 조금 덜 힘들게, 덜 어렵게 지나가도록 도와줄게요."

지율 "선생님……."

수현 "그런 의미에서 오늘 선생님을 찾아와줘서 정말 고마워요. 선생님이 예린이와 지율이에게 의지가 되는 사람이라는 사실이 정말 뿌듯하고 기뻐요. 앞으로도 힘든 일이 있으면 여러분의 든든한 버팀목이 될게요."

예린 "네, 선생님!"

지율 "감사해요! 알려주신 생활 습관들도 열심히 실천하면서 노력할게요!"

한껏 표정이 밝아진 예린이와 지율이를 보며, 진수현 선생님도 빙그레 미소지었다.

* * *

성장 수업이 어느덧 다섯 번째 시간을 맞이했다.

준서 "오늘은 진수현 선생님이 어떤 재미있는 이야기를 들려줄지 기대된다!"

현준 "어, 선생님 오셨어!"

아이들 "선생님, 안녕하세요~!"

신나게 인사하는 아이들을 보며 진 선생님도 반갑게 마주 인사했다.

수현 "여러분, 다섯 번째 시간이네요! 오늘의 주제는 성조숙증이랍니다."
준서 "성조숙증이요?"
민철 "성조숙증이 뭔가요, 선생님?"
수현 "그건 말이죠……."

 진 선생님이 열정적으로 수업을 시작하자 아이들의 눈이 점점 똘망똘망해졌다. 지율이와 예린이는 그 모습을 보면서 서로 얼굴을 바라보고 비밀스럽게 씩 웃었다.

| 부록 ① 성조숙증을 예방하기 위한 안내서 |

1. 피해야 할 음식과 성조숙증 예방에 좋은 음식

* 피해야 할 음식
- 초콜릿, 사탕, 젤리, 주스 등 당분과 액상과당이 많이 들어간 음식
- 튀김, 짜장면, 버터, 마가린 등 기름기가 많은 음식
- 햄버거, 피자, 라면, 감자튀김 등의 패스트푸드
- 콜라, 사이다 등 탄산음료
- 색소나 향 등의 합성첨가물이 많은 음식

* 성조숙증 예방에 좋은 음식
- 환경호르몬 배출에 도움이 되는 식품들인 해조류, 현미밥, 올리브유, 들기름, 고구마 등
- 신선한 제철 채소와 과일, 살코기 위주의 육류, 견과류

2. 10시 이전에 푹 잠들게 해 주세요.

늦게 자고, 푹 잠들지 못하는 아이들은 성조숙증이 올 위험이 커지게 됩니다.

자는 동안 성장호르몬이 활발하게 분비되므로 충분한 수면시간을 확보하고 푹 잘 수 있도록 해야 합니다.

어린이가 밤 9시쯤 잠자리에 들기 시작해서 10시 이전에 깊은 잠에 빠질 수 있도록 도와주어야 합니다.

3. 전자기기의 사용은 최소화해주세요.
 스마트폰, 컴퓨터, TV의 블루라이트가 성호르몬의 분비를 촉진시킵니다.

 또, 스마트폰과 인터넷을 통해 성적인 자극에 무분별하게 노출되면 성호르몬 분비가 촉진될 수 있습니다.

4. 스트레스를 받지 않도록 도와주세요.
 정신적인 스트레스는 여성호르몬 분비를 촉진합니다.
 스트레스를 받는 상황을 가급적 피하는 것이 좋고, 운동이나 취미 활동을 통해 스트레스를 바로바로 풀어 주어야 합니다.

5. 환경호르몬 노출을 줄여주세요.
 환경호르몬이란? '인공적인 화학물질이 체내로 유입되어 마치 호르몬처럼 작용하는 것'을 말합니다.
 환경호르몬으로 인해 몸의 균형이 깨지면서 호르몬 체계가 붕괴됩니다.
 피부, 호흡기, 입을 통해 환경호르몬이 몸속에 쌓이게 됩니다.

| 부록 ② 환경호르몬을 줄이는 생활법 |

1. 플라스틱 제품 사용을 피하기
플라스틱 그릇에 담은 음식은 전자레인지를 이용하면 안 돼요.
플라스틱 컵이나 그릇에 뜨거운 액체를 담으면 안돼요.
플라스틱 그릇에 식재료나 음식을 보관하지 마세요.
스티로폼 용기 사용은 최소한으로 해주세요.

2. 합성세제 사용하지 않기
세탁용 합성세제, 샴푸, 린스, 주방용 세제에는 환경호르몬이 많이 들어 있어요.
순 비누 제품이나 자연에서 유래된 친환경 세제를 사용하는 것이 좋아요.

3. 향기 나는 화학제품 사용하지 말기
향기 나는 제품에는 프탈레이트라는 환경호르몬이 들어있어요.
향수, 매니큐어, 염색제, 디퓨저 등을 피하는 게 좋아요.

4. 몸에 들어온 환경호르몬을 빨리 배출하는 방법
깨끗한 물을 자주 마셔요.
1주일에 3~4회 이상 땀을 내 운동해요.
실내 공기를 자주 환기해요.
드라이클리닝한 옷은 집 밖에 걸어두었다가 냄새가 빠지고 나면 들여와요.

| 여섯 번째 시간 |
스마트폰을 많이 하면 키가 안 큰다고요?

앗, 이거 잘 찍혔다!

진수현 선생님은 5학년 2반 교실 문을 열었다. 평소와는 다르게 기운 없이 꾸벅꾸벅 조는 아이들의 모습에 깜짝 놀랐다.
수현 "오늘따라 다들 많이 피곤한가? 왜 이렇게 졸고 있지? 여러분 일어나세요~!"
예린 "지율아, 일어나! 선생님 오셨어!"
준서 "민철아, 현준아 일어나……."
현준 "하아~암… 선생님, 안녕하세요……."

　눈을 비비며 일어나는 아이들을 보며 진 선생님은 걱정스러운 표정을 지었다.

수현 "어제 무슨 일 있었니, 얘들아?"
지율 "톡톡 챌린지 찍느라 잠을 잘 못 잤어요……."
수현 "톡톡 챌린지? 현준이랑 민철이는?"
현준 "저는 게임 승급전 하느라고 늦게 잤어요."
민철 "하암… 저는 밀린 학원 숙제를 하다 보니까 그만……."

수현 "다들 늦게 잤나 보네요. 여러분 중에서 밤 10시 이전에 자는 사람 손 들어볼까요?"
　진 선생님이 질문을 했지만 다들 멀뚱멀뚱 서로의 얼굴만 쳐다볼 뿐 손을 드는 사람은 거의 없었다.
수현 "그러면 11시쯤 자는 사람?"
　이번에는 8~9명 정도의 아이들이 손을 들었다.
수현 "마지막으로 12시 넘어야 잠을 자는 사람 손 들어볼까요?"
　10명이 넘는 아이들이 손을 들었다. 진 선생님은 생각보다 많은 숫자에 놀라 한숨을 살짝 쉬었다.
수현 "오늘은 스마트폰과 게임, 그리고 수면에 대해서 이야기해야겠네요."

수현 "여러분 나이쯤 되면 대부분 스마트폰을 가지고 있을 거예요. 톡톡도 많이 하고, 너튜브도 많이 보죠? 스마트폰으로 게임을 하는 친구들도 많을 테고요."

지율 "요즘에 스마트폰 없는 애가 어디 있어요?"
현준 "선생님도 스마트폰 하지 말라고 잔소리 하려고 그러죠?"

수현 "음, 잔소리라면 잔소리기는 하죠. 하지만 스마트폰을 많이 하면 키가 잘 안 큰다는 사실 알고 있나요?"
현준 "악! 스마트폰까지 금지라니~!"

 현준이가 머리를 감싸 쥐고 소리를 질렀다. 주변의 친구들이 그 모습을 보며 킥킥 웃었다.

지율 "스마트폰이랑 키랑 무슨 상관이 있나요?"
수현 "스마트폰을 많이 하면 사춘기가 짧아져요. 이전 수업 시간에 사춘기가 얼마나 중요한지 배웠죠? 혹시 사춘기 때 키가 얼마씩 크는지 기억하는 사람 있나요?"
민철 "1년에 9~10cm 정도씩 큰다고 했었어요."
수현 "맞아요. 만약에 스마트폰을 많이 해서 사춘기가 3년에서 2년으로 줄어든다면 키도 그만큼 덜 크게 되겠죠?"
현준 "10cm나 덜 클 수도 있다고요?"

 진수현 선생님은 현준의 물음에 단호하게 고개를 끄덕거렸다.

수현 "단순히 사춘기만 짧아지는 게 아니에요. 스마트폰을 많이 하면 활동량이 적어지면서 운동도 덜 하게 되고, 비만이랑 성조숙증이 생길 가능성도 더 커져요."
예린 "비만이랑 성조숙증도 더 많이 생긴다니……."
수현 "그 뿐만 아니라 스마트폰을 늦게까지 하면서 잠을 안 자게 되죠. 사실 이게 가장 큰 문제예요."

지율 "잠을 안자면 키가 덜 크나요, 선생님?"

수현 "밤에 잠을 잘 때 몸에서는 성장호르몬이라는 물질이 나와요. 키를 쑥쑥 크게 만들어주는 물질인데, 잠을 자지 않으면 이 호르몬이 나오지 못해요. 여러분들 스마트폰 하느라 늦게 자는 경우 많죠? 그만큼 키가 못 자란다고 생각하면 돼요."

민철 "선생님, 그러면 몇 시부터 몇 시까지 얼마나 자야 하는데요?"

수현 "늦어도 밤 10시쯤에는 자야하고, 최소한 8~9시간 푹 자야 성장호르몬이 많이 나와요. 또, 그 정도는 잠을 자야 하루 동안 지친 몸이 잘 회복되어서 다음 날 쓸 에너지가 다시 충전될 수 있어요."

현준 "에너지를 충전하지 못하면 어떻게 되는데요?"

수현 "키가 쑥쑥 크는 데에 쓸 에너지가, 애꿎은 데에 쓰이게 되겠죠? 밤 늦게 자고 나서 다음날 낮에 꾸벅꾸벅 졸아 본 경험이 다들 있을 거예요. 낮에 잠이 온다는 것은 밤 동안 몸이 충분히 회복하지 못했다는 증거예요. 공부를 하거나 활동할 때 쓸 에너지를 끌어다가 몸이 회복하는 데에 쓰는 거죠."

현준 "그래서 다음날 엄청 피곤하고 수업도 듣기 싫은 거였구나!"

수현 "맞아요! 중요한 건 여러분 나이에 키가 쑥쑥 크기 위해서는 충분히 잠을 자야 한다는 점이에요."

지율 "그렇지만 저는 스마트폰을 하는 게 유일한 취미예요. 학교 수업에 스마트폰이 필요할 때도 많고요. 스마트폰을 아예 안 하는 건 너무 힘든 걸요!"

수현 "스마트폰을 아예 안 할 수는 없죠. 하더라도 시간을 정해서 해야 한다는 거예요. 스마트폰을 꼭 해야 한다면 하루에 1시간 정도만 하는 게 좋아요."

현준 "선생님! 게임도 하루에 1시간만 해야 되나요?"

수현 "그럼. 현준이는 키가 작아서 고민이잖니? 키가 쑥쑥 크려면 어쩔 수 없단다."

현준 "힝, 그러면 조금 줄여 볼게요."

 현준이는 시무룩해 하다가 금세 뭔가를 결심한 듯한 표정을 지었다. 좋아하는 스마트폰이나 게임을 실컷 하지 못 하는 것은 아쉽다. 하지만 언제까지나 키가 작다는 놀림을 받고 싶지는 않았다.

현준 "지금은 키가 크는 데에 가장 중요한 시기니까요. 조금만 노력하고 조심하면 키가 쑥쑥 클 텐데, 게임이나 스마트폰 몇 시간 더 하는 즐거움이랑 키를 맞바꿀 수는 없잖아요."

수현 "그렇지. 이제 선생님이 말 해주지 않아도 잘 아는구나!"

민철 "선생님, 저는 스마트폰이나 게임을 많이 하는 건 아닌데 공부를 하느라 늦게 자요. 그래도 하루에 7~8시간 정도는 자거든요. 그런데 요즘은 낮에도 잠이 오고 피곤해요. 자도 자도 피로가 풀리지 않고… 이런 것도 성장이랑 관련이 있나요?"

수현 "그럼요. 잠을 자는 시간도 중요하지만, 수면의 '질'도 정말 중요해요."

민철 "수면의 질이요?"

수현 "쉽게 말하면 내가 얼마나 푹 잤느냐가 중요하다는 이야기에요."

처음 들어 보는 이야기에 민철이가 두 눈을 반짝거리며 집중했다. 진수현 선생님은 그 모습을 보며 살짝 미소지은 뒤 말을 이었다.

수현 "수면에는 깊은 잠과 얕은 잠이 있어요. 깊은 잠을 충분히 자는 걸 '수면의 질이 좋다'고 말해요. 반대로 깊은 잠을 못 자고 얕은 잠을 자는 걸 '수면의 질이 나쁘다'고 하죠. 수면의 질이 나쁘면, 다시 말해서 푹 잠들지 못한다면 아무리 잠을 많이 자더라도 키가 잘 크지 않아요."

민철 "왜 그런 건가요?"

수현 "성장호르몬은 깊은 잠에 든 뒤에야 나오거든요. 그런데 늦게까지 공부를 하거나 스마트폰, TV를 늦게까지 보면 아무리 자도 깊은 잠에 들 수가 없어요. 그러면 당연히 키도 안 크고, 깊은 잠을 못 자니까 항상 피곤할 수밖에 없죠."

민철 "그러면 푹 잘 자기 위해서는 어떻게 해야 하나요?"

수현 "일단 규칙적으로 같은 시간에 잠자리에 들어야 해요. 잠자는 시간은 최소한 8~9시간이 되어야 하고요. 자기 전에 책, TV, 컴퓨터, 스마트폰은 보지 않는 게 좋아요. 잘 시간에 간식이나 물을 먹는 것도 안 좋고요."

진수현 선생님의 말에 민철이는 곤란하다는 듯한 표정을 지었다.

민철 "하지만 그때밖에 학원 숙제 할 시간이 없는데요……."

수현 "음… 학원 숙제를 하는 이유는 공부를 잘하고 싶어서 그렇지, 민철아?"
민철 "네, 그렇죠."
수현 "숙제를 하느라 잠을 못 자면, 오히려 공부를 더 못 하게 될 수도 있어요. 잠을 자는 동안 우리의 뇌는 그날 공부한 내용을 정리하고 기억하거든요. 잠을 못 자면 기억력도 떨어지고, 다음날에는 피곤하니까 수업도 잘 못 듣게 되죠. 결국 잠을 잘 자는 게 공부 잘 하는 데에도 도움이 되는 거예요."
민철 "그냥 늦게까지 열심히 공부하면 되는 줄 알았는데… 어쩐지 요즘에 학원을 아무리 많이 다녀도 성적이 오르지 않더라고요. 앞으로는 잘 자는 것도 공부라고 생각하고 밤에는 제 시간에 꼭 자야겠어요."

수현 "이제 우리 5학년 2반 친구들도 키가 쑥쑥 크는 비법을 많이 알게 되었죠?"
현준·지율·예린·민철·준서 "네!"
수현 "키가 쑥쑥 크려면 어떻게 해야 한다고 했죠?"

예린 "음식을 골고루 맛있게 먹어요!"
민철 "운동도 열심히 하고 많이 놀아야 해요!"
현준 "스마트폰이나 TV, 게임은 하루에 한 시간만 하고요."
지율 "잠도 잘 자야 해요!"

수현 "그렇죠. 잘 먹는다! 잘 논다! 잘 잔다! 정말 쉬운 일들이지만, 너무 어렵기도 하죠. 하지만 이제 여러분은 어떻게 해야 잘 먹고 놀고 잘 수 있는지 알고 있죠?"

아이들 "네에~!"

수현 "앞으로 선생님이 해준 이야기 잘 기억하면서 열심히 노력하면, 내년 이맘때쯤에는 다들 키가 쑥쑥 커 있을 거예요! 혹시 중간에 힘들거나 어려운 일이 있다면 언제든지 선생님에게 다시 찾아와도 괜찮아요. 수업은 오늘이 마지막이지만, 항상 여러분을 응원할게요."

아이들 "선생니임……."

어느새 아이들의 눈에 눈물이 그렁그렁 맺혔다. 진 선생님도 눈 밑이 붉어지려 했지만 애써 아무렇지 않은 척하면서 목소리를 가다듬었다.

수현 "여러분을 만나서 정말 행복한 시간이었어요. 그러면 우리 마지막으로 인사할까요?"

준서 "선생님, 그동안 감사했어요. 다들 선생님께 인사!"

민철 "선생님!"

아이들 "사랑합니다~~!!"

아이들이 머리 위로 모두 함께 하트를 그렸다. 생각도 못 한 깜짝 선물에 진 선생님은 잠시 어안이 벙벙해졌다가 이내 웃음을 터트리며 함께 머리 위로 하트를 그려 보였다.

| 부록 : 수면과 성장호르몬 |

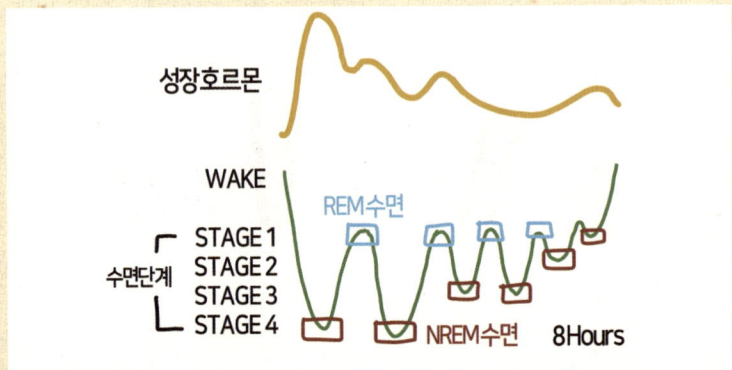

 성장호르몬은 잠을 잘 때 많이 분비됩니다. 그 중에서도 처음 깊은 잠에 들 때, 보통 잠에 들기 시작한 후 1시간에서 3시간 사이에 가장 많이 분비됩니다.
이 시간에 깊은 잠에 들 수 있도록 도와주는 것이 중요합니다.

 잠을 자는 동안 성장호르몬이 활발하게 분비되려면, 충분한 시간을 자는 것 또한 중요합니다.
 일반적으로 6~12세에는 10~11시간의 수면이 필요하고, 12~18세의 청소년들도 하루 9~9.25시간의 수면이 필요합니다.

※ 건강한 수면을 위해서 지켜야 할 일
- ✓ 잠자리에 드는 시간과 일어나는 시간을 규칙적으로 지켜요.
- ✓ 휴일에도 평일과 같은 시간에 잠들고 깨는 것이 좋아요.
- ✓ 하루에 8시간 이상의 수면시간을 꼭 확보해 주세요.
- ✓ 잠에 들기 전에는 스마트폰 사용을 하지 않아요.
- ✓ 잠에 들 시간에 음식을 먹으면 몸이 충분히 잠들 수 없어요.
- ✓ 침실을 어둡게 하고 몸과 마음이 편안한 상태로 잠에 들어요.

〈에필로그〉 한아름초등학교 졸업식

 여름에 시작한 성장 수업은 겨울에야 끝이 났다. 그 뒤로 봄, 여름, 가을 겨울이 다시 돌아왔다가 지나가고 어느새 한 해가 지나갔다.
 변한 듯 변하지 않는 매번 비슷한 한의원의 일상. 오늘도 평소와 다름없이 진료를 마친 진수현 선생님에게 전화 한 통이 걸려왔다.

따르릉~

수현 "어, 유진아. 오랜만이네. 별 일 없지? 무슨 일이야?"
유진 "나야 뭐 비슷하지. 다름이 아니라, 이번 주 금요일에 뭐 해?"
수현 "글쎄, 한의원 출근하는 거 말고는 딱히 일정은 없는데."
유진 "수현이 네가 가르쳤던 5학년 2반 아이들이 이번에 졸업하거든. 금요일이 졸업식인데 혹시 시간 되면 오라고."
수현 "아, 성장 수업을 했던······."

 5학년이던 아이들이 벌써 6학년을 지나 졸업을 한다니, 벌써 시간이 그렇게 되었구나. 세월이 빠르게도 흘러간다는 생각이 들어 씁쓸하게 웃었다.

수현 "그런데, 아이들이 아직도 나를 기억할까? 나야 아이들 큰 모습이 궁금하기도 하고 보고 싶긴 한데······."
유진 "음, 그런 걱정은 안 해도 될 것 같은데?"

전화기 너머로 이유진 선생님이 키득키득 웃는 소리가 들려왔다.
수현 "뭐, 아이들이 기억 못 하면 어때. 내가 보고 싶으면 그만이지. 그래, 금요일에 갈게. 그 때 보자."

유진 "오케이~!"
아이들 "와아아……."

 전화기가 달각 꺼지기 직전 뭔가 커다란 함성 같은 게 들리는 것 같았는데, 뭐였지? 진 선생님은 어리둥절했지만 이내 잊어버리고 퇴근 준비를 시작했다.

 2월의 어느 하루. 한아름 초등학교의 졸업식 날.

 학부모님들의 차가 아침 일찍부터 운동장을 가득 메웠다. 졸업하는 학생들과 졸업식을 보러 온 학부모님들, 그리고 꽃다발이나 군것질거리를 팔려는 상인들이 한데 섞여 북적북적했다. 날이 쌀쌀하지만 햇살이 좋아 살짝 따사로운 날씨였다.

수현 "주차하기 정말 힘드네……."

 진 선생님은 사람들로 가득한 운동장을 지나 졸업식이 열리는 강당으로 들어갔다. 주차를 하느라 조금 늦었는지 벌써 졸업식은 막바지였다.

수현 "어디 보자, 5학년 2반 아이들이……. 아, 이제는 반이 바뀌었겠구나. 어떻게 알아보지…?"

 생각해보니 아이들이 한데 모여 있을 리가 없었다. 진 선생님은 머리를 긁적인 뒤 작게 한숨을 내쉬었다.

수현 "에휴, 아이들을 어떻게 찾는담……."
유진 "수현아, 진수현!"
수현 "아, 유진아."
유진 "왜 이렇게 늦었어! 애들이 엄청 기다렸는데."
수현 "어?"
유진 "졸업식 거의 끝나간다! 너, 어디 가지 말고 여기 그대로 있어. 알았지?"

 이유진 선생님은 강당 한구석에 진 선생님을 덩그러니 데려다놓고 어디론가 사라졌다. 진수현 선생님은 이게 무슨 일인가 싶어 커다란 눈을 깜빡거렸다.

 잘 있거라 아우들아 정든 교실아…….

졸업 노래와 함께 졸업식이 마무리되고, 썰물처럼 빠져나가는 사람들 사이로 이유진 선생님이 다시 등장했다.
그리고 그 뒤로는…….

현준 "선생니이이이이이임!!!!"
준서 "와!! 진짜 진수현 선생님이다!!!"
지율 "선생님, 보고싶었어요!"
예린 "우와! 선생님!!"
민철 "진짜 오셨네요!"

몰라보게 키가 큰 아이들이 환호성을 지르며 뛰어오고 있었다. 현준이는 물론이고, 다른 아이들도 한 뼘씩은 자라 있었다. 키는 훌쩍 컸지만 아이들의 해맑은 얼굴은 그대로였다.

수현 "아니, 너희들……. 선생님 기억하니?"
현준 "엥? 그게 무슨 섭섭한 소리예요, 선생님!"
지율 "저희가 6학년 되고 반도 다 달라졌는데도, 다 모여서 이유진 선생님께 맨날 부탁했어요! 진수현 선생님 졸업식 오시게 해 달라고!!"
민철 "꼬마 애들도 아니고 꼭 비밀로 하자고 해서 얼마나 어이가 없었는데요."
예린 "선생님, 저 S기획사 연습생 합격했어요!"
준서 "저는 이제 정상 체중이에요! 아직 약간 통통하긴 하지만, 비만은 아니라고요. 헤헤!"
현준 "선생님, 저는 키가 작다고 놀리던 다른 반 아이들보다 훨씬 키가 커졌어요! 6학년이 된 뒤로는 더 이상 놀리지 못하더라고요. 흐흐."
민철 "선생님, 저는 장래희망을 한의사로 정할까 하는데……."

다들 한마디씩 하는 통에 정신이 없었지만, 한 가지는 확실했다. 자신이 생각했던 것보다 훨씬 많이, 아이들이 진수현 선생님을 그리워하고 있었다는 것. 그리고 자신도 아이들이 많이 보고 싶었다는 것.

아이들이 어느 새 진수현 선생님의 곁으로 몰려들어 재잘대었다. 어디선가 불어온 따스한 바람이 머리카락을 살랑거렸다. 떠들썩한 아이들 가운데에서 멍한 표정을 짓던 진 선생님의 얼굴에 조금씩 웃음이 피어났다.

그렇게 새로운 봄이 찾아오고 있었다.

〈참고문헌〉

김기훈, 신동길, 김대현. 특발성 진성 성조숙증으로 진단된 소아의 원인 및 임상적 분석. 대한한방소아과학회지. 2011.
김지연. 소아 비만과 운동. 대한소아소화기영양학회지. 2008.
대한비만학회 소아청소년 비만위원회.『소아청소년 비만 제3판』. 대한비만학회, 2019.
대한소아내분비학회.『성조숙증 진료지침 2011』. 의학문화사, 2011.
대한소아내분비학회.『소아내분비학』. 군자출판사, 2014.
박미정.『박미정의 우리 아이 성장 백과』. 물주는 아이, 2022.
박승찬, 하재원, 이재준, 부민석.『엄마가 미안해』. 하이키출판사, 2020.
박태균.『환경호르몬 어떻게 해결할까?』. 동아엠엔비, 2019.
보건복지부,『비민 예방을 위한 바른 식생활 가이드』. 2010.
보건복지부.『한국인을 위한 신체활동 지침서』. 2013.
보건복지부 질병관리본부, 대한소아과학회.『2017 소아청소년 성장도표』. 2017.
보건복지부, 한국영양학회.『2020 한국인 영양소 섭취기준 - 무기질』. 2020.
보건복지부, 한국영양학회.『2020 한국인 영양소 섭취기준 - 비타민』. 2020.
보건복지부, 한국영양학회.『2020 한국인 영양소 섭취기준 - 에너지와 다량영양소』. 2020.
보건복지부, 한국한의약진흥원 한의약혁신기술개발사업단.『소아청소년 성장장애 한의표준임상진료지침』. 범문에듀케이션, 2022.
식품의약품안전처, 중앙급식관리지원센터.『신호등 식이요법』. 2021.
아다치 가요코.『간식 혁명』. 일요일, 2018.
안효섭, 신희영.『홍창의 소아과학』. 미래엔, 2020.
유정순.『잘 먹이는 엄마 잘 먹는 아이』. 유노라이프, 2020.
윤정선.『성조숙증과 바른성장』. 처음, 2020.
이영준, 이기형. 성조숙증의 개요와 치료. 대한의사협회지. 2015.
전국한의과대학 소아과학교실.『한방소아청소년의학 개정 3판』. 의성당, 2020.

조기영, 박혜숙, 서정완. 소아청소년 비만에서 생활습관과 대사증후군의 연관성. 대한소아소화기영양학회지. 2008.
추미애, 최병호. 한국소아청소년 비만과 대사증후군. 대한의사협회지. 2010.
프랭크 오스카.『우유의 독, 내 몸을 망치는 11가지 이유』. 이지북, 2013.
하동림, 문지영.『우리 아이 키 성장 비책』. 트로이목마, 2020.
하신혜, 허은실, 이경혜. 2013~2015년(6기) 국민건강영양조사 자료를 이용한 청소년의 과일, 채소 섭취에 따른 영양소 섭취와 건강상태의 비교. 대한영양사협회학술지. 2017.
Choudhury S, Headey DD. Household dairy production and child growth: Evidence from Bangladesh. Econ Hum Biol. 2018.
Hawley Montgomery-Downs,『Sleep science』, NY: Oxford University Press, 2020.
Lott M, Callahan E, Welker Duffy E, Story M, Daniels S.『Consensus statement. Healthy beverage consumption in early childhood: recommendations from key national health and nutrition organizations』. Healthy Eating Research, 2019.
Vanessa C, Brunetti MSc, Erin K O'Loughlin, Jennifer O'Loughlin, Evelyn Constantin, Etienne Pegeon. Screen and nonscreen sedentary behavior and sleep in adolescents. J National Sleep Found. 2016.
World Health Organization.『Global recommendations on physical activity for health』. Geneva. 2010.
Yoon HS. New nutritional concepts of vitamins and minerals. Korean J Pediatr. 2005.

한방소아과 전문 한의사가 알려주는 키 성장의 일급비밀

초판 1쇄 인쇄 2023년 1월 17일
재판 2쇄 인쇄 2023년 3월 22일

글 권하린, 심수보 그림 조소해
펴낸이 홍주의
기획, 감수 대한한의사협회 소아청소년위원회
(황만기, 김성헌, 김세중, 김지희, 김현동, 심수보, 오현주, 이승환, 이용호,
이훈, 장승훈, 정진호, 황건순)
제작지원 윤석호
편집디자인 인디프린트
교정교열 이승제, 하재규
펴낸곳 도서출판 KMD
출판등록 제2011-000047호

주소 (07525) 서울특별시 강서구 허준로 91
전화 02-2657-5050
팩스 02-6007-1122
이메일 help@akom.org
ISBN 979-11-978174-9-6 (73510)

* 이 책은 저작권법에 의해 보호를 받는 저작물이므로 무단전재와 무단복제를 금지하며,
  이 책 내용의 전부 또는 일부를 이용하려면 반드시 저작권자와 도서출판 KMD의
  서면동의를 받아야합니다.
* 파손된 책은 구입처에서 교환해 드립니다.
* 책값은 뒤표지에 있습니다.
* 이 도서는 2023년 대한한의사협회 소아청소년 서적 출판 공모전 당선작입니다.